# Pequeno livro da
# Imanência

SOFIA BATALHA

**Uma edição original Sofia Batalha**
Título: Pequeno livro da Imanência
Texto: Sofia Batalha
Revisão: Conceição Sampaio
Fotografia de capa: Sofia Batalha
*Design* e paginação do miolo e capa: Sofia Batalha
Fotografias do miolo: ©Sofia Batalha
Ilustrações: creativemarket.com/annasokol_

ISBN: 9798702669151
Imprint: Independently published

1.ª edição: Janeiro 2021
© 2021, Sofia Batalha
Todos os direitos reservados.

Por opção da autora, este livro não foi redigido segundo o Acordo Ortográfico de 1990.

# Dedicatória

Dedico este livro às pedras, às nuvens e às estrelas.
Mas também à terra, às estações e à lua.
Dedico-o aos corvos, aos cedros e castanheiros, ao tomilho e aos
dentes-de-leão. Aos ventos e aos mares. Ao aqui e agora.

*"A verdadeira generosidade para com o futuro
reside em dar tudo ao presente".*

*Albert Camus*

Sofia Batalha

Porque somos constantemente aprisionados a um ponto de vista binário, apenas entre certo e errado?

Porque esperamos que as regras e as normas literais, genéricas e absolutas nos resolvam tudo?

Como podemos **enriquecer** a nossa percepção linear?

Porque temos receio dos **paradoxos**?

De que forma o **pensamento indígena** nos pode ajudar?

O que é a **Imanência** e porque é tão importante resgatá-la?

Porque deixámos de **sonhar** ou **imaginar**?

Como podemos lidar com o medo e encontrar os nossos propósitos?

ESTE LIVRO É COMPOSTO DE DUAS PARTES.

- A primeira resignifica o contexto cultural normativo em que nos encontramos, abrindo espaço a novas/antigas percepções.

- A segunda traz reflexões e exercícios práticos para uma vida imanente, presente, inteira e significativa.

# Índice

Prefácio . 08

O Propósito . 16

Parte 1

PARADOXOS BINÁRIOS . 23

PENSAMENTO NORMATIVO OCIDENTAL . 25

DA LINHA À REDE . 37

PENSAMENTO INDÍGENA . 51

EM NOME DA IMANÊNCIA . 67

Parte 2

VIVER EM IMANÊNCIA . 81

O SONHO . 83

CONFRONTO COM A REALIDADE . 111

PRÁTICAS IMANENTES . 131

Conclusão . 156

Referências & Bibliografia . 166

# Prefácio
por Maristela Barenco

Em uma clareira no meio da floresta, onde vivo há tanto anos, todas as noites de lua cheia, nós nos encontramos. No meio dos aromas estonteantes exalados pelos nossos óleos, reverberação de nossas almas vegetais, ao fim do dia. Celebramos a alegria de estarmos vivos. Celebramos a energia dos ciclos, a luz do Sol, o entardecer, a passagem das nuvens, a brisa dos ventos, as chuvas, as estrelas e a luz do luar. Eu, um Cedro de quase 30 metros, os corvos, o tomilho e os dentes-de-leão. Olvidando as nossas escalas e tamanhos, dialogamos. Isso faz já alguns anos, mas se repete, e tanto e sempre, que já virou tradição. Nós nos encontramos porque nos amamos. Mas temos nos encontrado para conversar sobre este tempo, governado por esta espécie que caminha sobre duas pernas, e que se denomina "homem sábio". Afinal, somos espécies curandeiras. Vocês sabem, não? Como tal, sabemos que esta espécie tem se apartado do chão da vida. E por paixão (e será por compaixão?), buscamos estratégias que possam neles despertar as memórias de nossa casa comum, a Comunidade da Vida.

— Nossa estratégia está sendo árdua – desabafou um dente-de-leão. Provocamos encontros, nas ruas comuns, nos matinhos escassos e nas beiradas dos meios-fios. Oferecemos beleza e delicadeza em nossas diferentes fases. Nossas folhas são depurativas e cuidam do fígado, este órgão, nos humanos, castigado pela raiva e contrariedades. Nossas flores, cor-de-Sol, são para os que estão sem esperança (já fizeram até floral terapêutico de nós). A fase semente, uma bolinha de algodão delicada, serve para encantar crianças e jovens. Temos despontado em todos os lugares possíveis nas cercanias de onde vivem os humanos, porque gostaríamos que os "sabidos" voltassem a fazer parte.

— Não reclame de barriga cheia – disse um corvo. As crianças e jovens quase deliram com a possibilidade de soprarem suas delicadas sementes, que como hélices voadoras, trazem para a vida um momento de poesia. Ficam gravadas como bem-querer. Despertam para o aqui e agora. Vocês têm aparecido até mesmo em algumas tatuagens nos corpos destes jovens. Mas, me digam, quem quer saber de um corvo em uma sociedade que só valoriza as coisas da luz? Quem quer saber da obscuridade de minha espécie, meus amigos? Queremos inspirar a intuição, a cura, a sabedoria e até a esperança, mas definiram coletivamente que nossa presença é mau presságio, que simbolizamos solidão e morte. Sempre que penso nisso, fico querendo ouvir o Cedro. Sim. Os Cedros. Existe alguma espécie mais resiliente que vocês? Suportam o frio de até dois mil metros de altitude e são amigos da profundidade: levam três anos para despontar cinco centímetros para fora da terra, enquanto crescem um metro e meio de raiz.

— Oh, meu amigo – respondeu o Cedro. Como você, nascemos com os propósitos da obscuridade, da imanência, do silêncio, da profundidade. Entendemos que a beleza necessita de estrutura, de eixo, de base, de húmus. Para nós, o pra cima depende do que está abaixo. Não somos parciais, sabe? Mas veja, temos sido ceifados, ininterruptamente, para construir casas ou mesmo para virar lenha... Se ao menos os homens sábios não nos tratassem como coisas...

— Coragem – disse o Tomilho. Coragem, meus queridos amigos. Trago a força da minha linhagem, dos antigos guerreiros. Existo pra propagar a força, a energia e a coragem. Daí o meu nome que significa "Thymós". Gostaria de lhes dizer hoje, mais uma vez, de que está tudo certo! Está tudo aqui. Existimos para ser círculo amoroso. Somos instantes ancorados na incompletude de um ser e por isso precisamos ser cooperativos. Na Roda da Vida tudo é aprendizado. Podemos aprender com os diálogos infinitos, mas também com os desvios e ilusões. Esta espécie de homem sábio, por exemplo, possui em seu peito uma glândula linfoide, de mesmo nome que eu (e que anda atrofiada), e cuja função é produzir as células que podem defendê-los. Porque andam distantes de si, eles têm adoecido cada vez mais. Daí que perder o senso de pertencimento à Tribo e à Comunidade de Vida faz mais mal a quem se perde, do que a quem fica negligenciado.

Do alto da clareira, outras muitas espécies observavam a conversa e, cada uma, ao seu modo, pensava, com tristeza, nesta espécie chamada de sábia, que vem se afastando do grande campo vital, em que – alinhados - fazemos parte, e que – desalinhados - apostamos nas leis da entropia, preferindo ser governados pelo caos.

Enquanto isso, em algum lugar do mundo, um jardineiro reclamava da resiliência dos dentes-de-leão; um outro homem cortava um grande Cedro; pessoas maldiziam os corvos de um lugar; e o tomilho crescia esquecido em um jardim. Afinal de contas, a espécie sábia estava em um patamar que já não pertencia à Comunidade de Vida.

As vozes nas florestas são tantas e tão diversas e sábias, que não podemos imaginar e, nesta condição humana, sequer ouvir...

O Pequeno Livro da Imanência é um livro gigante e precioso, para ser lido e relido algumas vezes. Uma espécie de portal, no qual se adentra e do qual não se retorna, sem uma metanoia, uma conversão, uma mudança do próprio pensamento.

Escrito por uma mulher sensível, inteligente e intuitiva, com nome de sabedoria e sobrenome de guerreira, Sofia Batalha elabora um tratado sensível a favor da Imanência - esta condição de pertencimento, do habitar, de se permanecer dentro... de si mesmo, das relações, do aqui e agora, do território, da natureza.

Sofia evidencia, em sua escrita, os obstáculos epistemológicos à Imanência, enquanto condição de pertencimento, e descreve a trajetória de um tipo de paradigma, cujo pensamento cultural e científico, hegemônio, de raiz eurocristã, patriarcal e branca, vem colonizando o mundo ao longo dos séculos.

O que chamamos hoje de pensamento hegemônico ocidental é uma vertente de uma racionalidade, de tipo grega, iniciada em Sócrates, Platão e depois Aristóteles, que não era a única racionalidade disponível e nem a mais complexa daquele tempo, mas que foi eleita na Renascença para inventar um tipo de pensamento abstrato, descontextualizado, que afasta o sujeito do mundo e da natureza[1]. Transcendência. Tal matriz de pensamento foi-se constituindo, ao longo dos séculos, como regime de verdade, estruturando-se através de religiões monoteístas, de políticas coloniais e aparatos institucionais, configurando-se através de um gênero discursivo, a Ciência, **cujas premissas epistemológicas assentam sob princípios de decomposição, de fragmentação, de categorização, de controle e automatização**. Esta versão hegemônica se constituiu, segundo Santos[2], de duas formas principais: produzindo inexistências (através

---

1 - Foucault, Michel. As Palavras e as Coisas. Uma Arqueologia das Ciências Humanas. 2. reimpr., 8. ed. São Paulo: Martins Fontes, 2000.

2 - Santos, Boaventura de Sousa. Para uma sociologia das ausências e uma sociologia das emergências. In: SANTOS, Boaventura de Sousa (Org.). Conhecimento prudente para uma vida decente. 'Um discurso sobre as ciências' revisitado. São Paulo: Cortez Editora, 2004. p. 777-821.

11

de atrasos e ignorâncias) e epistemicídios (a morte de saberes ancestrais) e hierarquizando o mundo através de falsas simetrias, como masculino e feminino, como saberes científicos e saberes populares, como natureza e cultura, como céu e terra, como imanente e transcendente, etc. **Em tudo há uma falsa simetria, e muitas dicotomias, em função da hierarquia que atravessa as realidades.**

No projeto colonial estão as sementes do paradigma da Revolução Industrial, que precisou dessacralizar a natureza para a explorar e pilhar. O conceito filosófico e ontológico de Transcendência vem contribuindo para liberar o mundo de todas as suas conexões sagradas e situar o ser humano em uma realidade abstrata. **Aqui se encontra a morte da Imanência.**

Por isso, o Pequeno (Grande) Livro da Imanência é um grito de dor e um chamado profético e poético para redescobrirmos as pistas da Imanência dentro de nós. Sofia traz os princípios de um pensamento imanentista que podem nos reconduzir à condição de pertencimento à Vida e à sua Comunidade, e que pode nos possibilitar ouvir as vozes da floresta e participar do grande diálogo cooperativo com a Vida.

No final do livro ela nos presenteia com um conjunto de práticas imanentes, cujos exercícios diários podem nos reconduzir à experiência de pertencimento.

Que este Pequeno Grande Livro da Imanência possa nos ajudar a resgatar as nossas raízes crianceiras, tão bem descritas pelo poeta goiano Manoel de Barros[3], em um tempo-condição em que só há imanência de viver:

---

3 - Manoel por Manoel. In: BARROS, Manoel de. Memórias Inventadas. A Terceira Infância. São Paulo: Editora Planeta do Brasil Ltda., 2008.

*(...) Cresci brincando no chão, entre formigas.*
*De uma infância livre e sem comparamentos.*
*Eu tinha mais comunhão com as coisas do que comparação.*
*Porque se a gente fala a partir de ser criança, a gente faz*
*comunhão: de um orvalho e sua aranha, de uma tarde e suas*
*garças, de um pássaro e sua árvore.*
*Então eu trago das minhas raízes crianceiras a visão comun-*
*gante e oblíqua das coisas. Eu sei dizer sem pudor que o escuro*
*me ilumina.*
*É um paradoxo que ajuda a poesia e que eu falo sem pudor.*
*Eu tenho que essa visão oblíqua vem de eu ter sido criança*
*em algum lugar perdido onde havia transfusão da natureza e*
*comunhão com ela.*
*Era o menino e os bichinhos. Era o menino e o sol.*
*O menino e o rio. Era o menino e as árvores.*

Gratidão, Sofia, por este imenso presente!
Verão de 2021, em tempos de Pandemia.

*Maristela Barenco Corrêa de Mello*

Maristela Barenco é psicóloga de formação acadêmica, professora da Universidade Federal Fluminense (Infes/UFF), possui formação em terapias holísticas e fitoterapia. Estuda Feng Shui desde 2003, com o arquiteto Carlos Solano, e possui doutorado em Meio Ambiente, com ênfase em subjetividade. Criadora do canal Mil-em-Rama de podcasts. Junto com Sofia Batalha tecem mensalmente as Conversas D'Além Mar.

# Que

Sintas em ti

os fios indeléveis da

# alma

cosidos em paradoxos singulares

e ancorados em significados abissais

que tecem a responsabilidade

# do teu rumo

num mundo incerto e misterioso.

Sofia Batalha

# O Propósito

O propósito deste livro vem de uma necessidade pessoal em **recuperar a poderosa Imanência em nós.**

Para tal vamos adentrar em particular:

- O conceito de transcendência, na sua variante eurocêntrica. Este é um desconforto pessoal antigo, que trago no peito. Ao longo deste novelo, proponho outra perspectiva sobre esta definição;

- A ideia do "primitivo" como inferior, imaturo ou menos evoluído do que a sociedade contemporânea. Uma visão que considero muito limitada e exclusivamente eurocêntrica.

- **Na parte 2 trazer um convite a uma perspectiva de vida imanente,** com o resgate e aprofundamento de vários recursos sagrados de vida presentes em nós.

O resgate da potente Imanência é feito com base nos pressupostos fundamentais da descolonização, da ecopsicologia, da psicologia transpessoal e da libertação, do valioso e complexo pensamento sistémico indígena, da ancestralidade, assim como da literacia do futuro e do animismo. Como humilde aprendiz e leitora de Tyson Yunkaporta, David Abram, Laura Sewall, Bayo Akomolafe, Vanessa Andreotti, Jürgen W. Kremer, Nick Totton, Thomas Berry, Mary Watkins, Charles Eisenstein e Bill Plotkin (entre muitos outros, ver bibliografia), de há alguns anos a esta parte, estes são temas que experiencio diariamente na minha vida pessoal, trabalho e investigações.

**As implicações na mudança de perspectiva que estes autores sugerem são tanto imanentes como transcendentes, criando um terreno fértil de novas e criativas perspectivas que podem mesmo abrir novos paradigmas de estar no mundo.** Estes dois tópicos fazem parte de temas bem mais vastos, pois tanto tocam em pressupostos da Psicologia, como da Filosofia, Antropologia, História e mesmo da Ciência. Por isso tentei ser o mais objectiva e sucinta possível.

A ecologia e descolonização destes conceitos, seja o binómio transcendência/imanência, como uma actualização mais pluralista do obsoleto "primitivismo", são fundamentais para que estes conceitos se tornem mais completos e inclusivos. **O tema da descolonização é amplo e complexo e as suas ramificações são inevitáveis quando nos propomos trabalhar o ser humano de forma integral, plural e diversa**, ao invés da ideia de unidade gerada através de disciplinas separadas criadas dentro de uma lógica exclusivamente cartesiana e eurocêntrica, tornando inevitavelmente a nossa perspectiva parcial, bastante limitada e (pre)ten(den)ciosa, exactamente por não ter noção da própria sombra que projecta.

Antes de avançar, quero deixar definidos dois conceitos essenciais para entendermos a perspectiva fundamental deste livro: o eurocentrismo e a descolonização.

São termos interdependentes e defino ambos de seguida.

## Descolonização

O que entendo por descolonização é o sentir e olhar o mundo de forma integral, sem os pressupostos culturais cartesianos, hierárquicos, imperialistas, capitalistas, patriarcais, hetero-normativos ou industriais que permeiam o nosso entendimento muitas vezes unidimensional de outras culturas, da natureza e mesmo do mundo. É fundamental descolonizar a mente, que se configura pelo acto de reconhecer a presença de métodos utilizados na colonização das perspectivas da razão, da vivência do corpo, e do caminho integral do espírito. É preciso compreender que todas as nossas decisões são influenciadas pelas nossas mentalidades colonizadas e, com esta consciência, transmutar a auto-limitação culturalmente imposta a procurar novas narrativas que nos libertem.

Como refere Pegi Eyers, as mentes de TODAS as pessoas que navegam dentro desta cultura têm sido ocupadas ou colonizadas pelos valores do colonialismo e capitalismo. Na era actual de mudança maciça e desastre climático, causas profundas como o antropocentrismo, o monoteísmo, o imperialismo, a superioridade branca, o hetero-patriarcado, o capitalismo, o corporativismo, a extracção de recursos e os sistemas políticos binários, estão rapidamente a ser expostos como perspectivas ultrapassadas. Mesmo que tenhamos aprendido a prosperar no simulacro destes sistemas criados pelo homem, o facto é que esta visão é tóxica para toda a vida, incluindo a nossa.

*O condicionamento e domesticação que temos recebido ao longo de milénios traduziu-se em muitas crenças, hábitos e comportamentos artificiais.*

19

Aqui ficam alguns, adaptados de uma lista da autora Pegi Eyers:

- Colocar os direitos e necessidades humanas acima da natureza.
- Desconexão da natureza e normalização da civilização urbana.
- Controlo e domínio com comportamentos de "Eu" em vez de "Nós".
- Julgamento implícito ou explícito de pessoas que não se encaixam na "norma" da estrutura moderna/eurocêntrica.
- Concorrência intensa e o "culto do indivíduo" e "desenvolvimento pessoal", resultando em narcisismo ligado à baixa auto-estima.
- Medida de valor pessoal avaliada através de uma hierarquia de riqueza ou classe.
- Dependência do consumismo para proporcionar "realização" com prazeres fugazes, experiências e coisas materiais.
- Desenvolvimento da auto-identidade singularmente a partir do local de trabalho, empresas comerciais e outras desconexões do real.
- Falta de rituais de passagem, baixo QI emocional e comportamento imaturo ao longo da idade adulta.
- Medo das transições e dos ciclos naturais da vida como o nascimento, a adolescência, o envelhecimento e a morte.

O processo de descolonização da mente desafia os valores normativos eurocêntricos na nossa consciência individual e colectiva, substituindo essa ideologia ou acção pelo ser não-binário, mas sempre diverso e dual.

Eyers termina a referir que, para nós, para as nossas famílias e as comunidades, o movimento em direcção a padrões criativos e de soluções compassivas e inclusivas, é um empreendimento para toda a vida.

# Eurocentrismo

Por seu lado, o eurocentrismo refere-se ao domínio e supremacia da cultura branca europeia/norte-americana, de onde advém racismo, justificando limpezas étnicas, genocídio, escravidão, roubo de terras, tratados impostos e nunca cumpridos, promessas quebradas, deslocalização, assimilação forçada, manipulação governamental, controlo empresarial, violência psíquica e todas as formas associadas de opressão que continuam a ter impacto nos povos indígenas e minorias sistematicamente consideradas inferiores. Segundo a Wikipédia, o perspectivismo branco eurocêntrico é uma visão do mundo centrada na civilização ocidental ou uma visão enviesada que a favorece em relação às civilizações não-ocidentais. O âmbito exacto do centrismo varia entre todo o mundo ocidental e apenas o continente da Europa ou, ainda mais estreitamente, para a Europa Ocidental. Este termo data de finais dos anos 70, mas só se tornou predominante nos anos 90, quando foi frequentemente aplicado no contexto da descolonização, desenvolvimento e ajuda humanitária que os países industrializados ofereciam aos países em desenvolvimento (já de si uma perspectiva e criação eurocêntrica).

Com a definição destas duas perspectivas subjacentes a esta publicação, posso referir que **pretendo resgatar a dimensão de abraçar o 'yin' (imanência) e o 'yang' (transcendência), dando forma e lugar a ambos. Estabelecendo uma relação intrínseca, profunda, essencial e ecológica, resgatando a validade essencial da visão primitiva (e original) do mundo.**

*Comecemos então pelo início!*

# PARTE 1
# Paradoxos Binários

PARTE I

# Pensamento normativo ocidental

Neste capítulo lanço os fundamentos para compreender as limitações da cultura normativa e hierárquica em que nos encontramos.

## Pirâmide hierárquica de importância

No topo desta pirâmide está o homem branco ocidental de classe média, urbano e intelectual, separado num mundo autista que o impossibilita de criar relações. Esta pirâmide de privilégio actua sobre todas as camadas da realidade, distorcendo a teia, deixando de fora e "denegrindo"[1] toda a base e raiz. As mulheres, assim como

---

1 - Esta palavra, sendo forte e aludindo ao suposto rebaixamento "natural" da negritude, é aqui usada de forma inteiramente consciente para compor a imagem.

as outras etnias, os animais e as plantas, assim como a natureza, estão nas camadas inferiores. Apenas através do tornar o outro num objecto sem sensações é que as atrocidades gananciosas são possíveis. Sem perguntar como e porquê, o benefício humano justifica o sofrimento humano, assim como a usurpação e a violação constante da natureza, através de práticas sustentadas de conluio, pelo desejo de "não saber" ou "não querer ver".

**Este topo da hierarquia precisa urgentemente de enfrentar a culpa, a raiva e o luto, partilhando responsabilidade.** É um trabalho difícil e doloroso, o de reconhecer o perpetrador, o usurpador ou o violador em nós próprios. Há, no entanto, um enorme alívio em reclamar de novo toda a energia que estava bloqueada nesta violenta negação e repressão.

## Pensamento eurocêntrico

Passo a aprofundar a invasão do pensamento eurocêntrico, segundo a perspectiva de Jürgen W. Kremer. Segundo este autor, todas as tradições, sejam indígenas ou eurocêntricas, sempre mudaram e evoluíram temporalmente.

Isto é importante, porque uma das visões eurocêntricas dos povos nativos e tribais é, exactamente, a crença de a sua cultura estar cristalizada no tempo, numa sociedade eternamente primitiva e infantil.

Apesar da mudança e evolução ocorrer sempre em todas as culturas, a sua natureza difere no paradigma ocidental ou indígena. Por exemplo, a manutenção de um discurso indígena intacto, ou a progressão numa cultura nativa, sem ser modificada pelo colonialismo, segue o curso de uma **espiral à medida que os círculos de maior e menor complexidade se movem através do tempo.** Por seu lado, o progresso nas tradições eurocêntricas tem sido feito através de uma **distância linear crescente de negação e desvalorização das suas raízes indígenas, a chamada linearidade causal de progresso.**

O filósofo e autor britânico Owen Barfield descreve a ascensão da consciência ocidental como a ascensão da consciência humana da natureza, levando a altos níveis de raciocínio conceptual e reflexões sem participação consciente nos fenómenos e mesmo com a negação do seu envolvimento. **Esta é também uma visão masculina, simplista e superficial do fenómeno de progresso.**

Há, de facto, vários marcos culturais na Europa que abrem caminho a uma visão hierárquica e dissociada da natureza e das várias cosmologias humanas. Este processo anti-ético e dissociativo encontrou o seu auge no ocidente no Iluminismo.

Fundamentado pela cristianização (mono-espiritualidade) durante a era renascentista, assim como com o advento da teoria "científica das raças humanas", o pensamento evolutivo do século XIX que utilizou a coordenação e suposta hierarquia da sequência linear temporal para compreender os nativos como "primitivos", uma fase de desenvolvimento fossilizado da pré-história das civilizações europeias. Segue-se uma breve lista de alguns destes eventos:

* MONOCULTURA DAS RELIGIÕES MONOTEÍSTAS COMO NORMALI-ZAÇÃO CULTURAL - embora este não tenha sido o propósito inicial desta disseminação religiosa, foi o que acabou por acorrer, o que apagou do mapa as diversas culturas autóctones dos lugares onde foram sendo assimiladas. Trocando a valiosa sabedoria local e ancestral de pertença integral a uma terra sagrada e recíproca, por uma abstração longínqua do divino. **Trocando diversidade por unidade, pluralismo por universalismo.**

- O ILUMINISMO - vem na sequência do período renascentista e das primeiras "descobertas" europeias do mundo. **É um movimento filosófico e científico que privilegia a razão, a hierarquia e a hegemonia cultural europeia, como normal, superior e única forma válida de ver e ler o mundo.**

- Na esteira deste movimento desenvolve-se a PSEUDO-CIÊNCIA RACIAL (séc. XVII), hoje já descartada enquanto ciência, sendo que os seus dogmas continuam presentes e vigentes na cultura ocidental. Por vezes denominado racismo biológico, é uma crença pseudo-científica de que existem provas empíricas para apoiar ou justificar o racismo (discriminação racial), a inferioridade ou a superioridade racial. Historicamente, o racismo científico recebeu credibilidade em toda a comunidade científica, mas já não é considerado científico. O racismo científico emprega a Antropologia (nomeadamente a Antropologia Física), a Antropometria, a Craniometria, e outras disciplinas ou pseudo-disciplinas, para propor tipologias antropológicas que apoiam a classificação das populações humanas em raças humanas fisicamente diferentes, que podem ser afirmadas como superiores ou inferiores. **O racismo científico foi comum durante o período desde 1600 até ao fim da Segunda Guerra Mundial.** Desde a segunda metade do século XX, o racismo científico tem sido criticado como obsoleto e desacreditado, mas historicamente tem sido persistentemente utilizado para apoiar ou validar visões de mundo racistas, baseadas na crença na existência e significado de categorias raciais e numa hierarquia de raças superiores e inferiores.

- Já no século XIX a INDUSTRIALIZAÇÃO MASSIVA fez crescer exponencialmente a tendência colonialista e, com ela, a necessidade de retirar recursos naturais para alimentar a grande máquina. **A cultura imperialista, sustentada ainda pela ciência racial e pelas conquistas do iluminismo, vê este movimento como**

**necessário e essencial.** A base é a hierarquia onde o colonizador se sente como superior a tudo o resto, tendo direito a matar, usurpar e conquistar o que for necessário para obter o que "precisa".

- Mesmo a TEORIA DA EVOLUCÃO DE DARWIN tem sido usada para fundamentar uma visão hierárquica da evolução. Sendo o primitivo considerado naturalmente inferior.

*"Se aceitarmos a doutrina da evolução, somos obrigados a acreditar que o homem surgiu dos mamíferos, terrestres de formas aquáticas, vertebrados de invertebrados, multicelulares de unicelulares, e, em geral, quanto maior e mais complexo a partir do menor e mais simples. Para o homem médio, será indiscutível que um homem é mais alto que um verme ou um pólipo, um insecto é mais alto que um protozoário, mesmo que ele não possa exactamente definir no que reside com esta alteza ou baixeza de tipos orgânicos." (Huxley, 1923, 10; citado de Barlow, 1994).*

Segundo Weber, as teorias de evolução, quer nos campos da Biologia, da consciência ou da Cultura, têm fundamentalmente uma **estrutura mono-causal, onde as coisas se desdobram a partir de algum ponto de origem e basicamente seguindo uma estrutura linear** (por mais complexas e multidimensionais que sejam as descrições desta linha causal) para algum momento futuro ou utópico que representa o desdobramento linear das tendências inerentes, particularmente dos seres humanos e das suas culturas.

*"O fundamento psicológico e social deste período de conquista e colonização encontra-se na capacidade de coagir os povos do mundo a aceitar as regras pelas quais a política e as ideologias europeias reivindicavam o poder de determinar o que é legítimo sobre a experiência humana". Dion-Buffalo e Mohawk (1994, 33)*

Não é coincidência que tenha sido o século XIX também a época em que as teorias evolutivas foram propostas pela primeira vez. **O pensamento epistemológico e evolutivo emergiu da crescente dissociação da participação nos fenómenos de modo a compreender e legitimar esta lógica linear, hierárquica e dissociativa do progresso.**

Os povos que vivem numa dialética participativa, vistos por esta lente, são incivilizados, sem possibilidade de discernir a verdade.

Naturalmente, se este pensamento evolucionista for extrapolado para o campo da evolução da consciência e sociedades, então podemos ver como os povos pré-históricos de todos os continentes, assim como os indígenas, nativos ou aborígenes contemporâneos, são classificados como "inferiores" e os eurocêntricos como "superiores".

A própria identificação e nomeação do Outro não-europeu como "primitivo", como "mentalidade primitiva", como "cultura primitiva", pressupõe uma teoria (linguagem) de civilização, racionalidade e progresso, de evolução na e pela razão (iluminismo) e/ou progresso na e pela História (século XIX). **A própria possibilidade da concepção de "primitivo" pressupõe o compromisso prévio de uma concepção de progresso.** (McGrane, 1989, 99).

# O Progresso e a Sombra

Como refere Weber, a noção de progresso implica que há algo pelo menos insuficiente ou mesmo mau no passado e que o bom está no futuro. **É a poderosa ideologia de progresso que propõe a História como um percurso da Humanidade em avanço inexorável para uma sociedade mais perfeita e projecta todas as mudanças, com poucas excepções, como parte deste processo.**

*"A tradição de apresentação histórica do Ocidente tem uma forte tendência para seleccionar eventos de uma forma que construa uma história que apoiam esta tese em grande parte não dita" (Lyons, in Lyons et al., 1992, 17).*

*"De uma perspectiva nativa, o pensamento evolutivo tem sido sempre problemático. As visões utópicas europeias têm sido utilizadas para racionalizar uma série de comportamentos criminosos incluindo a escravidão de milhões de africanos e a aniquilação de todos os povos índios e aborígenes, assim como a lamentável, mas necessária, consequência da construção de algum estado futuro de perfeição humana." (Dion-Buffalo & Mohawk, 1994, p. 33).*

Esta declaração deve ser levada suficientemente a sério e deve ser um claro sinal de aviso para **prestarmos atenção à sombra do pensamento evolutivo.**

Para sair desta história intelectual é necessário abordar explicitamente as questões da sombra, caso contrário, o que quer que esteja escrito é pelo menos uma continuação inconsciente do domínio eurocêntrico e do seu consequente genocídio (cultural e ecológico).

"No momento do contacto e do conflito, os povos são olhados brevemente e as suas imagens são congeladas para sempre no tempo", esta ideia diz-nos que a ligação histórica entre o que surge da filosofia do iluminismo e do colonialismo não é apenas acidental. A Antropologia é um tipo extremamente subtil de imperialismo cognitivo, um **monólogo** baseado no poder sobre culturas diferentes em vez de, e evitando activamente, um diálogo com estas, honrando a sua própria soberania, ou seja, o não ser capaz de traduzir ou, a não redução de uma 'cultura' do ser à língua para que seja interpretada pela ciência eurocêntrica (McGrane, 1989, 127). Até compreendermos o impacto desta ligação, **o material da sombra cultural determinará**

31

**o que as culturas eurocêntricas não entendem ou sequer vêem, mas sendo sempre consideradas superiores e como sendo a base da norma cognitiva e cultural.**

É uma história profundamente familiar de como conquistamos, como refere Nick Totton, e que continuamos indefinidamente a fazer, tentando chegar à satisfação de todas as nossas necessidades e liberdade, através da **luta contra a natureza, tornada possível pela razão e tecnologia.** A cultura ocidental diz que, se continuarmos a ganhar riqueza material e a lutar para chegarmos ao topo da hierarquia da vida, viveremos felizes para sempre. A necessidade do progresso começa com uma luta compreensível para nos tornarmos mais livres da natureza, mas converteu-se numa tentativa de escapar da própria natureza - subjugar o selvagem e ganhar segurança através do controle total.

*"(...) Quando as forças da natureza se levantam contra nós, majestosamente, cruéis e inexoráveis, traz de novo à nossa mente, a nossa fraqueza e desespero, a que pensamos ter fugido pelo trabalho da civilização" Freud, 1027*

**A cultura do progresso identifica o inconsciente como bárbaro, destrutivo e selvagem.** No entanto, o inconsciente só assume a sua forma destrutiva quando é suprimido, rejeitado e desligado da nossa percepção. Como refere Totton, a sombra tradicional do mito do progresso é o mito da queda que nos excluiu do paraíso. É interessante que muitas das histórias que suportam o mito do progresso são sobre jovens heróis, homens, que matam dragões numa jornada para a luz. Simbolicamente estas figuras mitológicas são interpretadas por Tyson Yunkaporta como o conhecimento complexo original dos primeiros povos, e o acto de matar os dragões um movimento de conquista destas culturas de cognição contextual. O desespero, a morte, a escuridão, a insegurança ou depressão são vistos como falhanços.

*O progresso linear e racional tenta conquistar o lado selvagem da natureza interna, dando demasiado valor à liberdade individual, fugindo assim da responsabilidade colectiva.*

# O dogma da verdade una

## O universalismo

**As noções de verdade eurocêntricas tentam fugir à impermanência, dissociando-se da participação** (ver: mundo da participação e o mundo da dissociação). A verdade enquanto dogma é a ameaça para a resolução dinâmica das coisas. Este conceito fechado de verdade não permite a participação consciente na renovação intencional da realidade ou do mundo, pois tem de ser dissociada pela razão para que se mantenha "verdadeira".

No conceito de evolução podemos lutar por resoluções cada vez melhores. Ou podemos descobrir que as resoluções que constituem o nosso mundo intencional são bastante satisfatórias e bem sucedidas. Ao nos afastarmos da posição hierárquica e de avaliação, que "dá notas" às visões do mundo, podemos começar a olhar para formas de comparar as cosmologias e diferentes formas de estar, ver e sentir o mundo sem (consciente ou inconscientemente) as anexar, julgar ou desvalorizar. **As comparações tornam-se então encontros de diálogo, em vez de uma busca por um modelo singular que tudo contenha, à custa da valiosa e essencial diversidade.**

Se a cultura eurocêntrica e científica se empenhasse num **diálogo recíproco e participativo**, isto significaria que estaria a retomar uma conversa antiga, a recuperação das raízes indígenas e da consciência participativa. Haveria a compreensão de que o consenso sobre uma determinada afirmação de verdade não é nada que possa ser alcançado por meio da mente racional por si só. O saber do corpo, o saber do coração, o saber que vem de estados de consciência alterada e estáticos (incluindo o diálogo com os antepassados) são **sempre** processos valiosos.

Mesmo que todos os consensos tenham de resistir aos desafios colocados pelo discurso verbal e racional, as palavras e histórias de resolução terão de suportar os desafios de todas as outras dimensões humanas de experiência, seja somática, sexual, emocional e espiritual, bem como a ancestral, a histórica e a ecológica.

Uma tal **personificação e imanência do saber, a sabedoria incorporada, pode transformar as várias dissociações, tais como entre o corpo e a mente, ou ego e natureza.**

*O conhecimento somático e a intuição precisam de ver a luz da mente racional, enquanto a mente precisa de ver a luz que está no corpo.*

O **diálogo recíproco e participativo permite que apreciemos as realizações científicas sem negar o corpo, o coração, a sexualidade, o género, diferenças e o divino, sem negar a ancestralidade, o lugar, a história ou os ciclos terrenos e cósmicos.** Os limites entre o cosmos e a psique são redesenhados e redefinidos.

A experiência deliberada e consciente do mundo permite que **participemos activa e intencionalmente na sua mudança e renovação, sem precisar de encontrar a verdade última e imutável.**

"A pessoa que não arrisca nada, não faz nada, não tem
nada, não é nada, e torna-se nada.
Pode evitar o sofrimento e a tristeza, mas simplesmente não
pode aprender, sentir, mudar, crescer ou amar.
Acorrentado pela sua certeza, ele é um escravo;
perdeu a sua liberdade.
Só a pessoa que arrisca é verdadeiramente livre".

Leo Buscaglia

PARTE I

# Da linha à rede

## O Transcendente

Pessoalmente há alguns anos que tenho problemas com a palavra e conceito de transcendente. Pela sua relação com o movimento cultural actual, **simbolizando algo que está fora, desincorporado, acima e num limite inatingível.** Algo perfeito, uno e linear, fora de nós. Algo abstracto e completo, longe da nossa realidade íntima e corpórea.

Devo deixar claro que utilizo o termo "transcendente" no seu sentido muito específico, para se referir a experiências e práticas que parecem implicar a existência de uma realidade metafísica transcendental, e fundamentalmente imanente na sua multidimensionalidade.

Isto contrasta com o uso mais amplo do termo "transcendência" implícito por Maslow (1973), Walsh & Vaughan (1993) e Fox (1993), para se referirem a experiências em que o sentido do "eu" é expandido ou estendido para além dos limites habituais do ego.

**Esta noção de transcendente como sublime, perfeição ou superior, tem sido amplamente usada pelas grandes religiões monoteístas mundiais** (grandes pela quantidade de seguidores e não por serem "melhores"). A transcendência transmite, a partir do significado literal da palavra do latim, escalar ou ir além, uma descrição da emergência e validação do conhecimento do ser.

A definição de transcendente é extraordinária ou está para além da experiência humana. Falar com Deus é um exemplo de uma experiência transcendente. Vai para além dos limites da experiência humana.

*O usurpar, desincorporando e desenraizando deste termo do binómio, transcendência/imanência, tão essencial ao desenvolvimento humano foi, na minha opinião, um roubar de quem somos enquanto humanos inteiros.*

## Imanência e inscendência

Nesta secção refiro simplesmente os vários conceitos superficiais e eurocêntricos de imanência e introduzo o termo inscendência.

O termo imanência é comummente usado como contrário a transcendência e refere-se à qualidade do que pertence à substância ou essência de algo, à sua interioridade, em contraste com a existência, real ou fictícia, de uma dimensão externa. **A definição de imanente fala de algo que existe no interior.**

A doutrina ou teoria da imanência sustenta que o divino engloba ou se manifesta no mundo material. É sustentada por algumas teorias filosóficas e metafísicas de presença divina. A imanência é normalmente aplicada para sugerir que o mundo espiritual permeia o mundano. É frequentemente contrastada com teorias de transcendência, nas quais o divino é visto como estando fora do mundo material.

As grandes religiões geralmente dedicam esforços filosóficos significativos para explicar a relação entre imanência e transcendência, mas fazem-no de diferentes maneiras, como por exemplo:
- fundindo a imanência como característica de um deus transcendente (comum nas religiões de Deus único);
- agrupando os deuses pessoais imanentes num ser transcendente maior (como no Hinduísmo);
- ou abordando a questão da transcendência como algo que só pode ser respondido através da imanência.

**Por seu lado o termo inscendência foi cunhado por Thomas Berry e refere-se a um movimento de descida para encontrar o divino.** Tal como entendo estes dois conceitos, a inscendência é o **verbo** que activa dinamicamente a arte da imanência.

*Imanência é o lugar e inscendência a forma de lá chegar. Falarei mais em pormenor sobre este termo mais à frente, pois ele é essencial para o equilíbrio dinâmico que procuro na vida.*

# O discurso participativo e co-emergente da imanência

Como o tema é vasto e interligado a muitas áreas, começo exactamente rebatendo a noção eurocêntrica de complexidade, passando para

Sofia Batalha

a visão hierárquica cultural do Ocidente. Posteriormente entro da definição da dimensão dos modos participativos ou dissociados de estar no mundo, abrindo caminho para a realidade sistémica de co-emergência, o pensamento indígena e terminando no paradigma da consciência selvagem.

## O selvagem e a complexidade

Segundo o livro de Nick Totton, Wild Mind, o conceito de selvagem é altamente complexo, contudo a sua ordem não é visual, ficando facilmente invisível para o observador superficial e domesticado. A expressão 'selvagens', originalmente, simplesmente significava "viver na floresta". **Com o advento cultural do imperialismo e colonialismo criou-se a ideia de que selvagem é simples, elementar e directo em comparação com as subtilezas avançadas e superiores da civilização.**

*No entanto, o selvagem contém uma ordem profunda e complexa, onde as coisas acontecem por conta própria, mas com significados profundos, onde é preciso descer ao caos antes de encontrar a (co)criatividade.*

A civilização domesticada depende e tem raízes no selvagem, enquanto o contrário não é verdade. **A domesticação é um processo contínuo de simplificação, o simples equivale à segurança, enquanto o selvagem é uma tendência continua para a complexidade, mas virtualmente incontrolável.** No entanto, precisamos assumir que o selvagem, como espontâneo e complexo, é um atributo natural da Humanidade. Mas claro que os humanos também são profundamente puxados pela domesticação, pois é o fio a partir do qual toda a civilização foi tecida. A domesticação e simplificação da complexidade do selvagem está relacionada com o binómio medo/segurança.

40

Totton postula que procuramos essencialmente domesticar o mundo porque também somos domesticados, arrancamos as comunidades da comunhão com os ecossistemas selvagens, e reformulamos a sua função para satisfazer as necessidades das civilizações humanas industriais e domesticadas. Mas sem uma conexão viva ao selvagem subjacente, a domesticação é altamente **destrutiva**, operando ao eliminar a complexidade e a substitui-la por uma réplica simplista e grosseira.

*O selvagem e o domesticado podem ser lidos como pares equivalentes e co-dependentes.*

A natureza precede a cultura e a civilização, sempre. Para haver domesticação tem de haver natureza selvagem, sempre. Tal como o civilizado é simultaneamente natural, o domesticado é sempre e simultaneamente selvagem. **Logo a destruição do mundo selvagem é a destruição da própria civilização.** O selvagem relaciona-se com a riqueza miseravelmente perdida da profundidade de uma floresta, por exemplo. Um jardim, por seu lado, é uma grelha ordenada e muito mais simples e superficial que a terra selvagem. A domesticação e o selvagem são aspectos essenciais da cultura humana, no entanto, quando a domesticação se torna predominante, tudo fica desequilibrado. **O estado selvagem é, desde tempos imemoriais, a primeira nação da cultura humana. O chão do nosso ser, pelo que negá-la ou suprimi-la é sempre desastroso.** A percepção das coisas é, na verdade, um processo ecológico, uma interação mútua entre o sujeito e o seu ambiente, onde ambos são modificados. **A cultura ocidental, ao manter uma negação elaborada da complexidade do selvagem, torna o ambiente descartável e desvalorizado.**

No entanto, um sistema que descarta o seu ambiente e contexto primordial descarta-se a si próprio. A ascensão da civilização pode ser compreendida como a domesticação humana, não só a criação das casas, mas tornando os humanos mais dóceis, submissos e facilmente controláveis. Tanto Freud como Jung, apesar das suas visões especistas e racistas sobre o selvagem, reconheciam o seu valor como qualidade inerente da psique. O termo de inconsciente primevo de Freud (e mesmo de Jung) é ainda permeado de uma perspectiva colonial, com o medo do colapso dos valores da civilização muito presente. **O selvagem é, ainda hoje em dia, relacionado com a animalidade, simplicidade, imaturidade, inferioridade e mesmo contagioso.**

# Mundo da Participação e da Dissociação

O ponto mais importante que Owen Barfield postula é que o mundo da participação (seja 'original' ou recuperado) e o mundo da dissociação inconsciente são essencialmente diferentes. **Num modelo participativo o "ver uma montanha" é ser parte do que significa viver em imanência, em beleza e equilíbrio** (ver também Consciência Selvagem).

*Numa experiência indígena ver/ser a montanha é participar em parte da história da criação, co-criar activamente com o cosmos e natureza, é ser a montanha.*

Por outro lado, a nossa experiência ocidental dissociada faz com que "ver a montanha" seja ver algo lá fora. **Na vivência participativa, a montanha, é parte do ser e da identidade integral.** Se imaginarmos uma recuperação bem sucedida da consciência indígena, então poderemos supor que também experimentaríamos o espírito da montanha, e que entraríamos no seu ser de uma forma que não o coloque "lá fora", e fá-lo-íamos de uma forma que nos permitisse estar conscientes do nosso movimento de criação e intenção.

# E os Factos?

Então e as coisas da matéria que podemos tocar e quantificar e que, presumivelmente, sobre as quais todos podemos acordar segundo os factos?

**Segundo Weber, o pragmatismo, o "real" e concreto que o paradigma do iluminismo ocidental traz, não é mais que uma percepção e linguagem conceptual dissociada.** Ao segurarmos uma pedra na nossa mão, seremos provavelmente capazes de concordar, com qualquer indígena ou aborígene, sobre a sua forma, cor, a beleza dos seus veios, como a poderemos polir, o seu peso, etc. Ao nos alinharmos com campo perceptual indígena, tomamos também contacto com a **monstruosa sombra que o paradigma do iluminismo ocidental postula**: a negação da nossa participação no fenómeno "da pedra" (que só a imaginação pode recuperar).

*Chegamos à nossa suposta visão concreta e realista do mundo, à custa de uma abissal dissociação.*

Para as várias cosmovisões indígenas, uma pedra, montanha, rio, são obras de arte e, como tal, **"não separadas da subsistência, da ciência, da filosofia ou da teologia, mas parte integrante tanto de actividades comuns como de esquemas cósmicos"**. (Witherspoon, 1987, 60).

Para recuperar a participação e para participar intencionalmente no mundo dos fenómenos, sugere-se que a tensão entre a original participação dos nossos antepassados e a consciência ocidental moderna possa ser resolvida na **experiência de participação através das nossas faculdades imaginativas e criativas**. Acrescentaria que também pode ser resolvida através da integração dos aspectos da vida e do conhecimento, a partir dos quais os discursos eurocêntricos se dividem a si próprios: a ancestralidade, a pré-história, a natureza

43

ou o feminino, para nomear apenas alguns. Este trabalho interno é a integração essencial de todos os processos que seguem o discurso eurocêntrico, assim como a sua inevitável sombra. O esforço que Jürgen Weber denomina de "recuperação da mente indígena" não é nada nostálgico ou romântico. É, na verdade, **um processo doloroso de lembrar o passado para poder avançar, integrando a sombra da nossa visão superficial e parcial das coisas.** Não há volta a dar. Não há uma recuperação inocente ou ingénua da participação. O caminho para o futuro desenvolve-se através da **integração de feridas históricas, memórias dolorosas e eventos aparentemente sem sentido,** a fim de criar um futuro integrado baseado no modelo de participação indígena e dos seus equivalentes europeus, tendo como base uma noção ecologicamente específica de equilíbrio e imanência localmente concretos, pois toda a sabedoria é contextual.

## Co-surgimento dependente

*"As coisas não se produzem ... tudo se ajuda a acontecer ao fornecer lugar, ocasião ou contexto e, ao fazê-lo também é afectado. Há uma mutualidade, uma dinâmica recíproca. O Poder nunca vem de uma entidade, mas da relação entre elas"*
*Macy, 1991*

É tanto um conceito metafísico como uma realidade muito física. **Fala de fluxos constantes de matéria e energia, onde cada membro afecta e é afectado por todos os outros membros e onde quase tudo está ligado a tudo o resto.** Este conceito, explanado no Budismo, aplica-se não só a organismos vivos, mas ao solo, água e atmosfera, sendo observados como **sistemas abertos, interdependentes e auto-organizados.** A teoria dos sistemas que é a base da Ecologia, postulando que, quanto maior a conexão e complexidade de um ecossistema, maiores as hipóteses de manter uma estabilidade a longo prazo. O que faz crer num valor prático e positivo da biodiversidade.

Segundo esta visão, cada espécie não encaixa apenas no seu nicho, mas co-cria-o, mudando efectivamente o seu ambiente, **pois o ambiente molda as espécies e as espécies moldam o ambiente.**

*São sistemas adaptativos e abertos, em rede, que respondem às mudanças.*

O conceito de co-surgimento dependente diz-nos que as mudanças em ecologia (humana, psicológica ou na natureza) são um **processo complexo e não linear.** O que tem sido demonstrado em modelos matemáticos complexos que também se aplicam à meteorologia, ao estudo do cérebro ou às sociedades. Esta teoria da complexidade descreve sistemas abertos sempre à beira do caos e sempre a tender para o equilíbrio dinâmico, ou homeoestase.

*Equilibrando a estabilidade com fluxo constante, ordem com imprevisibilidade, como todos os organismos vivos fazem, como uma orquestra sem maestro que explica e contém as qualidades de mistério e estranheza do cosmos multidimensional que habitamos.*

## Co-emergência e Sabedoria Sistémica

O Conceito de co-emergência diz-nos que aparecem novos níveis de organização que não poderiam ser previstos pelas condições precedentes. **Novos níveis que correspondem a processos complexos e auto-organizados que acontecem naturalmente, sem controle externo, não podendo ser controlados de forma hierárquica, potenciando desta forma cada vez mais o seu desequilíbrio.**

*A sabedoria sistémica fala do equilíbrio dinâmico e co-criado entre a competição e mutualidade.*

O fenómeno da razão diz-nos que a consciência é como uma seta que se move em frente, e não em ciclos de relações. A consciência tem a função de escolher e atingir objectivos específicos. Seleciona da nossa experiência apenas a informação que é relevante para os seus objectivos. Daí a natureza sistémica da realidade interna e externa, tão presente na cosmovisão indígena, ser-lhe necessariamente obscura. Como refere Bateson em 1973, **a nossa cultura tem falta de sabedoria sistémica.** Tal como a domesticação é mais simples que o selvagem, o consciente é mais simples que o inconsciente. **Na cultura contemporânea ocidental confiamos apenas numa consciência demasiado limitada.**

## As teias e a ecologia

*A tensão entre o transcendente e o imanente é a mesma entre o consciente e inconsciente, o céu e inferno e também entre individual e o colectivo.*

No mito eurocêntrico de hierarquia e individualidade, parte do desafio de crescer é tornarmo-nos independentes da matriz da mãe, de forma a atingir a maturidade emocional. Tendo como exemplos, inúmeras lendas de jovens homens que cortam a teia, manifestados nos sonhos adolescentes de fugir aos pais. **Esta forma dissociada de tensão entre o individual e o colectivo, faz com que as teias de relação se dissolvam na nossa sociedade.** Tendemos a preferir a ordem superficial da domesticação mais confortável do que a ordem profunda do selvagem. **Desta forma, a teia da vida é simplificada e redirecionada apenas para o sustento humano. Agora a própria teia da vida desfaz-se. A teoria dos sistemas diz que a liberdade individual é uma ilusão.** A liberdade é colectiva (trans-humana) ou nada. Por isso, a viagem pela consciência individual deve ser sempre em relação com o resto da vida.

*O ressurgimento de novas consciências relacionais acordam a ecologia interior que experimenta a interdependência e o co-surgimento mútuo.*

**Voltamos a ver-nos como interdependentes e inter-conectados.** O modo participativo revela esta ancestral interconexão e a constante renovação e transformação de toda a realidade, da qual fazemos parte como co-criadores intencionais.

## O Micélio

Numa observação da natureza esta interconexão é clara em todas as dimensões. Tomando como exemplo os cogumelos, que são os frutos dos fungos, cujo corpo é composto por micélios, que correspondem a uma materialidade condensada da massa de fios subterrâneos. **Enquanto metáfora, o micélio tem muitas propriedades paralelas com o inconsciente.** É enorme, escondido e antigo, sendo composto de uma rede de fios entrelaçados. O inconsciente equiparado ao selvagem, como louco, feroz e do domínio da bestialidade. Esta rede subterrânea de fungos na floresta espelha um universo inconsciente e emergente nos sonhos de redes, passagens e túneis secretos.

*"Não há vozes a falarem das pedras, plantas ou animais, nem o homem fala acreditando que o conseguem ouvir. O seu contacto com a Natureza desapareceu, e com ele uma profunda energia emocional e a conexão simbólica que a sustentava" Jung, 1964*

A metáfora do micélio reconhece a profundidade do inconsciente, do não-racional, dos modos selvagens de pensar, sentir, participar e percepcionar. Ao recuperar a conexão íntima com os profundos processos inconscientes e corporais (imanentes), tais como a respiração, o movimento, os impulsos, o equilíbrio e a sensibilidade,

47

ajuda ao acesso e processamento dos medos e lutos ambientais, contactando com o amor pelo mais do que humano.

*Uma parte do que se encontra em terapia é exactamente o seu lado selvagem.*

**A chegada do caos à vida produz pânico e tentativas cada vez maiores de controlar o processo, o que adiciona à confusão.** O ego que sente que tem de controlar cria fantasias de aniquilação, transgressão, as conotações violentas da energia selvagem.

A mudança começa por uma série de inovações criativas e espontâneas, mais tarde arrumadas pela mente consciente e ansiosa. Esta dicotomia entre espontaneidade e controle adiciona complexidade criativa e destrutiva ao inconsciente e é manifestada, geralmente, em sonhos, no corpo, ou em relações.

"Há mais de um milhão de anos que temos vindo a co-criar
sentido e significado através de raciocínios simbólicos
embebidos nas culturas adaptativas complexas"

Tyson Yunkaporta

PARTE I

# Pensamento Indígena

Os povos autóctones e nativos referem ter instruções originais de como estar no seu lugar concreto, **conhecendo intimamente os fluxos imanentes de espaço-tempo nativos.**

Estas instruções são a base de muitas culturas e povos tribais que vivem conectados ao local, o que diverge completamente da globalização, ou de um pensamento abstracto e desenraizado do capitalismo global.

*A cultura ocidental usa muita da sua energia para defesa e ataque, colocando-nos fora da comunidade do mundo, diminuindo a habilidade de reação espontânea, participativa e criativa nele.*

Tal comportamento só é possível, pois há uma separação do 'self' ou alma do corpo, e consequentemente uma separação entre o eu e a natureza, entre o civilizado e o selvagem. Com esta dissociação perdemos partes de nós próprios. **Algumas das chaves do pensamento indígena são o viver no aqui e agora, a espontaneidade (liberdade de escolher as emoções) e a intimidade.**

*"O ambiente não humano é considerado irrelevante para o desenvolvimento da personalidade humana, como se os humanos vivessem no vazio, sozinhos no universo, seguindo com os nossos destinos pessoais e colectivos numa matriz homogénea de nada, num cenário sem forma, cor ou substância" Searles, 1960*

*"O desafio é não interpretar de todo. Segurando a experiência entre a linguagem. Não procurar o conforto da compreensão racional, mas chegar a uma espécie de saber através do assombro e maravilha" Bernstein, 2005*

## Ciência Indígena

Segundo a Worldwide Indigenous Science Network, há uma diferença acentuada entre a ciência indígena e a ciência ocidental. **Estes paradigmas diferentes falam da forma dissociada ou participativa de estar no mundo.** Uma das grandes diferenças é que os dados da ciência indígena não são utilizados para controlar as forças da natureza, mas sim para **encontrar métodos e recursos para a sua re-criação.** Segue-se uma lista, elaborada na primeira pessoa, sobre as características e paradigmas da ciência indígena:

- Os cientistas indígenas são parte integrante do processo de investigação e existe um processo definido para assegurar esta integridade.

- A ciência indígena tenta compreender e completar as relações entre todos os seres vivos. Toda a natureza é inteligente e viva, sendo assim um parceiro activo de investigação.
- O objectivo da ciência indígena é manter o equilíbrio.
- A ciência indígena integra o tempo e o espaço; os campos de investigação e participação estendem-se e sobrepõem-se ao passado e ao presente.
- A ciência indígena é holística, recorrendo a todos os sentidos, incluindo o espiritual e o psíquico.
- O ponto final de um processo da ciência indígena é um equilíbrio exacto onde a criatividade ocorre.
- Permanecemos sempre encarnados no mundo natural. Por outras palavras, quando alcançamos o momento/local de equilíbrio, não acreditamos que tenhamos "transcendido". Em vez disso, dizemos que somos normais.
- O humor equilibra a gravidade e é um ingrediente crítico de toda a procura da verdade, mesmo nos rituais mais poderosos.
- O conhecimento imanente do coração é fundamental para a ciência indígena.

## Dialogar ou Conhecer

**Dialogar é uma actividade fundamentalmente mútua ou recíproca,** de como alimentamos e como damos alimento em reciprocidade. A acção participativa no mundo nunca nos deixa sem sermos transformados. Pois, ao actuar no mundo estamos em relação directa com ele, por isso a realidade do diálogo é mais apropriada do que a realidade de conhecimento. Não há nenhum conhecedor ou conhecido, nenhum sujeito e objecto, há sim diferentes actores em relações de mutualidade. **Ao pensar a realidade desta forma, transformamos não só o mundo, mas também nós próprios.**

Por conseguinte, é um mundo fundamentalmente dinâmico, sempre em movimento, sempre em mudança e sempre em fluxo.

*"A actividade de dialogar é análoga ao criar. Criar exige, não só compreensão, mas também amor, ternura e paciência. O objectivo do diálogo não é a obtenção de conhecimento puro, ou tirar conclusões abstractas, através da interrogação da natureza, mas sim o gerar e regenerar o mundo e ser gerado e regenerado por ele no processo." (Apffel-Marglin, 1994, p. 9)*

Naturalmente, a mente moderna eurocêntrica leva a procurar palavras, pelas histórias, mitos, descrições ou definições, que evoquem o diálogo da consciência participativa. No entanto, a partir de um ponto de vista indígena, esta conversa de criação tão profunda **está contida em "bibliotecas" ou registos como na própria natureza, ou como o legado das construções de pedra da cultura megalítica atlântica**. Estas bibliotecas de diálogo e memória são muito mais abrangentes que palavras e, num certo sentido, são mais precisas e completas, embora hoje não as saibamos ler. A mente indígena ou o processo de consciência participativa descrita por Jürgen, não é uma compreensão essencial da mente tribal ou indígena segundo uma visão eurocêntrica, **mas uma visão discursiva em que os indivíduos se entendem a si próprios numa conversa contínua com a comunidade circundante, na qual os animais, plantas, antepassados e outros espíritos locais fazem parte** (cf. Apffel Marglin, 1994; Rengifo, 1993; Valladolid, 1995).Esta conversa é levada a cabo como parte do desdobramento do presente, prestando atenção aos ciclos cerimoniais e sazonais, bem como aos ciclos astronómicos e cósmicos.

*Esta é uma visão do mundo da imanência total, que reconhece que a construção social ou o diálogo num lugar difere de outros noutros locais.*

Cada conversa é única e pertence ao espaço-tempo onde se desenrola, pois é fundamentada nas observações detalhadas e trocas sistémicas com os animais, plantas, paisagens e os vários ciclos desse lugar. Isto não é um processo mental onde a consciência egoísta e a transcendência se encontram nalguma forma de oposição ou tensão entre si, mas onde os **indivíduos da consciência permeável e participativa vivem imersos na sua comunidade, dos quais fazem parte das montanhas, rios ou pedras, assim como outros seres, como humanos ou plantas.**

*"El mundo es inmanente - o mundo é imanente". (PRATEC, 1996, 10).*

Estas são descrições de comunidades plurais que vivem num **processo participativo e visionário, imanentemente presente e socialmente construído, que é sustentado sem necessidade de progredir para a transcendência** (tal como compreendida pela cultura eurocêntrica). Estas comunidades vivem a conversa imanente e contínua com tudo, incluindo os espíritos, o que constitui a comunidade para os seres humanos. Estes modelos indígenas permitem uma compreensão alternativa do tempo, da história e da variedade de culturas. **Permitem também estar em participação ou conversação enquanto se exercitam competências racionais de alto nível, pois não segrega ou dissocia uma dimensão da outra.** Esta vivência indígena permite a cada cultura a compreensão da sua missão integral e histórica na sua ecologia sistémica do lugar específico que ocupam. **É um modelo social e comunitário mais completo e integral.**

# A riqueza Nativa & Indígena

Há muitos exemplos de proezas cognitivas por povos que estão indiscutivelmente envolvidos no processo de vivência participativa original, que **contradizem** as suposições que decorrem dos infelizes pressupostos de pensadores racistas dos primeiros tempos antropológicos e evolutivos. Muitas vezes, este processo de participação original é discutido com implicações racistas, o que o coloca num passado pré-histórico dos povos europeus e define os povos nativos contemporâneos, envolvidos nesta cosmovisão participativa, ainda e apesar da opressão colonial, como um processo retrógrado e um remanescente pré-histórico. É importante lembrar que os povos activos na consciência participativa têm feito coisas que só podemos considerar como incríveis. **Ao longo de milénios, em observação empírica e co-emergente dos ciclos e dos locais que habitam, foram acumulando complexos e profundos conhecimentos.** Quer se trate de conhecimento estelar, viagens, navegação, engenharia e arquitectura, metalurgia ou muitas outras coisas. Sabedoria que apenas recentemente, na ciência ocidental, começamos a entender através da teoria do Caos, da Complexidade ou dos Sistemas.

*O alcance e profundidade das proezas cognitivas é frequentemente espantoso e difícil de negar, apesar da força dos preconceitos persistentes em relação ao "primitivismo" dos primeiros povos.*

Culturas que vivem em participação original podem, de facto, ter participado e continuar a participar nos fenómenos, mas serem, simultaneamente, capazes de realizar proezas cognitivas que requerem competências 'exclusivamente' associadas ao pensamento evolutivo e muito mais tarde aos processos egoístas-racionais.

A arquitectura Maia, os glifos, a matemática e os calendários podem servir como ilustração sobrevivente e continuada (ver recentemente Freidel, Schele & Parker, 1993) de que a participação nos fenómenos e competências cognitivas, como o formal-operacional e a lógica, **são uma contradição apenas aos olhos do ego dissociado e modernista.**

# A Consciência Selvagem

Com tudo o que já referi, desde as falácias do eurocentrismo à consciência participativa, chegamos agora ao conceito de consciência selvagem, que fala da nossa sabedoria ecológica directa.

Como referido anteriormente, a imersão e imanência numa consciência participativa, intencional e criativa com o mundo, ajuda a entender o que os povos indígenas dizem quando referem que os rios ou animais lhes dão informação, ou lhes dizem o que fazer.

*O diálogo da imanência do lugar gera a compreensão entre humanos e toda a comunidade mais que humana, sugerindo a possibilidade de percepção e comunicação directas.*

Surge aqui a importância do coração como órgão para adquirir conhecimento e sabedoria, não como metáfora, mas como órgão físico (factual!). Buhner no seu livro de 2004, "The Secret Teaching of Plants", reúne provas que apoiam esta visão indígena. Assim como o trabalho de décadas do HeartMath Institute (https://www. heartmath.org/), que postula que entre 60% a 65% das células no coração são células neurais e este órgão está directamente ligado ao sistema nervoso central e ao cérebro. Aliás, já está documentado que o coração envia mais informação ao cérebro do que recebe. É também um repositório de memórias, particularmente memórias emocionais. E, claro, uma fonte poderosa de energia electromagnética, que está sempre a sentir padrões electromagnéticos no ambiente e trabalha para descodificar a informação neles contida.

*Há inúmeros estudos onde o coração é considerado um orgão de comunicação entre humanos, especialmente em relações intimas. Mas também no diálogo íntimo e participativo com animais, plantas e paisagens.*

*"Os sistemas nervosos das plantas são altamente sensíveis aos campos electromagnéticos como nós. E nós, tal como as plantas, evoluímos não só como geradores desses campos, mas para os encontrar também. Os significados embebidos nestes campos, experienciados por nós como emoções, afetam as batidas cardíacas, as hormonas, as ondas de pressão e a actividade neuro-química (...) Como se ocorresse uma percepção e comunicação directa, um diálogo vivo, entre nós e o mundo".*
*(Buhner, 2004)*

Como tenho vindo a referir, **o conceito de imanência activa-se na sabedoria específica de cada local, sendo os seus habitantes participantes activos e recíprocos dos ecossistemas que habitam.** Reitero a concepção profundamente errada destas sociedades como ignorantes ou incompetentes.

Como refere Totton, os recolectores de forragem foram (e são) sociedades ancestrais que não exercitavam **controle deliberado** sobre a piscina genética dos recursos explorados, **não fazendo crescer nada para benefício exclusivamente humano**. Mas sendo activamente participativos numa co-evolução espontânea. Não existem no seu léxico palavras que distingam entre pessoas, animais ou plantas como categorias separadas.

*A natureza relacional dessas culturas pressupõe-se espiritual, benigna, de partilha e recíproca, desenvolvendo-se num ambiente que nutre e dá.*

Esta visão participativa desenvolve sistemas económicos baseados em **distribuição, onde a propriedade é vivida na partilha e na reciprocidade**. São culturas que incluem em vez de excluir, onde se coopera e se distribui a abundância. As comunidades e os indivíduos que delas fazem parte não procuram ser proprietários do mundo, apenas procuram **viver integral e criativamente nele.**

Nesta forma imanente de viver, **os humanos sabem que pertencem aos lugares, mas que os lugares não pertencem aos humanos.** Há, claro, uma profunda relação e associação ao seu território. Toda a paisagem é simbólica e plena de significados imanentes e transcendentes. A verdadeira sincronia vem, como refere Sorenson (1998), de individualidades embutidas no todo.

É preciso clarificar que a normalidade relacional eurocêntrica, onde um participante altera deliberadamente e fisicamente o outro para o seu próprio benefício, é uma relação de propriedade. Onde, em vez de haver persuasão e encorajamento, há um forçar (por vezes bem violento) para a satisfação das suas necessidades.

## Humanos criadores de Húmus

O escritor britânico Robert Macfarlane, no seu brilhante livro Underland, assim como David Abram e tantos outros autores, referem que o termo que nos define enquanto espécie (humano) vem de húmus. Que nós, enquanto habitantes integrais de um local, somos criadores de terra fértil.

**Os três a cinco centímetros de terra nutridora da qual depende toda a existência.** Na verdade, já está documentado e amplamente aceite pela comunidade científica ocidental que a chamada terra preta, zonas de solo extremamente fértil presentes na Amazónia ou na floresta tropical centro africana, tem vindo a ser criada e mantida por indígenas há milhares de anos, usando carvão, osso e bosta.

*Cada comunidade e indivíduo fluem numa compreensão profunda, detalhada e precisa de como as coisas funcionam em cada local específico, equilibrando o ecossistema e as necessidades da comunidade através de padrões ancestrais e complexos de cultivo, as tais instruções originais de que falei anteriormente.*

Estas comunidades são profundamente conhecedoras da relação subtil, mas sustentável, com os ecossistemas que habitam e que re-criam continuamente. A agricultura ambientalmente sensível que praticam está muito para além do que os ocidentais intervencionistas e de conhecimentos superficiais possam fazer.

São, de facto, sociedades co-criadoras de recursos riquíssimos (a natureza contém tudo: farmácia, alimentos, ferramentas e lazer) que para os ocidentais parecem ocorrências naturais e selvagens. **Co-criam e mantém campos de espécies semi-domesticadas que facilmente são confundidos pelos não-nativos como floresta selvagem.** São comunidades que geram e mantém os seus próprios nichos ecológicos. Como exemplo destas comunidades temos os Kayapó, nativos e co-criadores da bacia do Amazonas. Não lhes ocorreria viver fora da harmonia imanente do seu ambiente ecológico, pois experimentam-se como parte integrante do ecossistema. Nick Totton refere mesmo que **estas comunidades indígenas representam uma parte auto-consciente do ecossistema.** Os primeiros encontros com ocidentais tomaram lugar pós-epidemias, o que aprofundou a crença de inferioridade destes povos doentes e fragilizados. Por outro lado, com a diáspora europeia pelo mundo, os ocidentais só negociavam com homens, levando as mulheres chefes, e as culturas matriarcais, virtualmente à extinção. Este encontro levou a um colapso catastrófico da população, por mudança de local, perda cultural e epidemias, gerando um trauma constante físico e psicológico.

*A percepção fora da consciência racional do dia-a-dia num ocidental requer uma profunda mudança de atenção e paradigma, pois, habitamos uma cultura cruel e dissociada deste modo rítmico e participativo.*

# A consciência pré-conquista

Antes da conquista, usurpação e genocídio (continuado) europeu, as culturas indígenas humanas funcionavam como parte integrante de um ecossistema selvagem e o seu conhecimento era completamente específico ao ambiente onde se localizam.

*Trata-se de uma consciência criativa e experimental, constantemente incorporando as influências exteriores e as inovações internas para enfrentar novas condições.*

Segundo Sorenson a consciência pré-conquista consiste em (Sorenson 1998): populações pequenas envolvidas por grandes áreas de território, nutrição intuitiva e profunda da infância, contacto corporal constante e responsabilidade colectiva. Quanto mais as pessoas estão positivamente incorporadas e em imanência (por receberem carinho, nutrição e amor na infância) menos conseguem impor dor noutros corpos, conclui ele. **Neste modo relacional e participativo de estar há uma confiança integral no grupo e no ecossistema, há um fluxo colectivo imediato e senciente, uma honestidade aberta e uma empatia integrada.** A comunicação entre os seus membros é **inseparável** da comunicação com o seu ambiente. Há a total ausência de propriedade privada, o que permite o uso cooperativo dos recursos para benefício colectivo.

*Esta é uma consciência dos limiares e das fronteiras, que experiencia a realidade através de sensações e não somente de pensamento.*

**Estas culturas sentem pelo seu coração aberto a profunda crise ecológica em que nos encontramos, não de forma intelectual, mas directamente.** Além de nunca se terem completamente adaptado à separação, dissociação e segregação da natureza, imposta pelos poderes coloniais.

61

# Características da
## Consciência Selvagem

Abreviando, segundo Nick Totton, as características da consciência selvagem são:

- É INCORPORADA
  Reside num corpo específico e num local concreto. É o seu ser e natureza. A incorporação não é um estado fixo, mas um processo de fora e dentro (que fazemos e que nos é feito). Não é nada passivo, completo ou constante. É um processo rítmico e depende de interações mútuas entre cérebro e corpo. Fala-nos de uma relação sistémica complexa de resposta recíproca. O corpo liga-nos ao universo material e o sentido do "eu" torna-se permeável dentro de uma incorporação maior, expandindo-se e identificando-se com toda a vida. Aqui o corpo e a mente são interdependentes, co-criando juntos e com o ambiente em que se encontram em incorporação.

*"Sobrevivemos na nossa pele na vastidão do nosso eu. A cultura Okanagan ensina que a nossa carne, sangue e ossos são o corpo da terra. Em todos os ciclos em que a terra se movimenta, também o nosso corpo. A nossa palavra para corpo quer literalmente dizer "terra com capacidade para sonhar"." Nativa Americana Jeanette Armstrong de Okanagan, 1995*

- É ANIMAL
  Não temos maiores privilégios que os outros animais. Não temos de continuar o trabalho doloroso e impossível de nos elevarmos acima dos nossos corpos e acima dos outros seres, podemos relaxar ao compreender que somos exactamente o mesmo. A maioria das culturas indígenas contemporâneas

não têm no seu léxico palavras que distingam pessoas, animais, paisagens ou plantas em categorias separadas. Fala-nos de igualdade em vez de hierarquia. Segundo estas visões do cosmos os humanos especializaram-se em pensar e as pedras em ser. Esta forma de ver o mundo é a fundação de uma humildade sóbria, mas estática.

*"As estrelas, o sol, a lua, as montanhas, os lagos, as plantas e os animais, assim como as pedras e os humanos, são todos parentes e são em simultâneo, filhos, pais e irmãos" Apfell-Marglin & Rivera, 1995)*

• É ESPONTÂNEA
Uma qualidade de espontaneidade que segue a não resistência de identificação, tal como um animal selvagem. Fala-nos da espontaneidade dos processos corporais, e mesmo dos pensamentos (se assim o permitirmos)! Para o paradigma controlador da mente ocidental parece intuitivamente impossível de conseguir, ou mesmo negativo, pois o processo é o de controlar. Na verdade, a profundidade da mente, o inconsciente, são as nossas áreas selvagens, e o ego consciente e controlador ocupa muito pouco. Pela espontaneidade podemos identificar-nos como uma co-criação colectiva. Somos robôs biológicos de uma riqueza multidimensional de sabedoria mamífera de milhões de anos, tudo a acontecer em co-surgimento dependente. A nossa consciência infinitamente cansada pode descansar e relaxar da responsabilidade continua da própria existência. Relaxamos e as fronteiras da razão desaparecem, gerando vigor e brilho extra.

• É CO-CRIATIVA
Inerentemente relacionada com auto-equilíbrio, pois fala de uma mente equilibrada no seu ambiente. Activa-se constantemente através de ciclos homeostáticos (mecanismos

cíclicos de reequilíbrio o sistema dinâmico sempre que se desequilibra). É a compreensão que a consciência não é nada fechado no corpo, mas uma interrelação necessária entre cérebro, corpo e ambiente como diz Gregory Bateson.

*"Nós e os nossos corpos existem com o ambiente em que se inserem, são co-percepcionados."* Gibson, 1982

- É SABEDORIA INERENTE E IMANENTE
  É o somatório de toda a nossa experiência, de toda a situação local, incluindo recursos fisiológicos e genéticos, pela nossa co-criação com o resto do universo que espelha e expressa tudo o que o cosmos é. Na verdade, é impossível perceber se é o mundo que nos faz coisas ou se somos nós quem faz coisas ao mundo, pois podemos ser causadores ou recipientes, exactamente por sermos um aspecto do mundo.

# A Terra como Dicionário

Nesta visão imanente, as palavras forjam identidades através de histórias, memórias e metáforas. Estes sons antigos tecem realidades com diferentes pronúncias e significados, criam e destroem percepções, ideias e visões. Os dialectos são sistemas vivos, evoluindo com a cultura e actividades do dia-a-dia. Mas a primeira camada de linguagem é a terra. A raiz mais antiga de todos estes sons que criamos para comunicar amor ou ódio é uma **reverberação directa da nossa paisagem circundante**. Utilizamos o vento local e o ar que corre através das nossas cordas vocais para reproduzir as vibrações sonoras. Somos essencialmente uma paisagem que fala por si. As formas naturais e as suas interacções cíclicas criam ambientes únicos e singularmente ricos, cheios de fluxos de consciência imanentes. **Na visão do mundo indígena, tudo é sagrado e vivo, cada rocha, rio, nuvem ou vento.**

*Cada lugar está cheio de sabedoria e agência. Todas as paisagens são sistemas dinâmicos de vida.*

Em línguas verbais, escritas, como as que utilizam o alfabeto latino contemporâneo, a ligação original à terra foi cortada, separando os sons da sua natureza e lugar originais, criando espaço para abstracções fora do contexto e globalizações. Os nossos dicionários tornaram-se dogmas impressos, restringindo por vezes o fluxo vivo do sistema linguístico que deveria mover-se com os ritmos do lugar.

*Mas os lugares continuaram a falar através de nós de forma subtil. Os sussurros de pedra tornaram-se mudos, mas ainda ouvimos os cantos dos pássaros, o vento através das árvores, ou a chuva a cair.*

Os nossos sons crus como gemidos, gritos, murmúrios ou silêncios, são emitidos quando palavras limpas e organizadas não são suficientes para descrever a nossa experiência. Essas melodias primordiais, que ressoam directamente do coração, libertam-nos dos confinamentos da estrutura gramatical. Uivamos, sussurramos e choramos de amor ou desespero. Gritamos, lamentamos, ou rimos da intensidade de sermos porosos à experiência viva. Voltemos a ligar-nos à terra como um dicionário, recordando o léxico de raiz embutido na natureza. Deixemos que o lugar em que nos encontramos seja a referência, recebamos a informação que emerge, o significado flui, os usos, e as origens das experiências vivas – não listadas em ordem alfabética – mas obtidas numa profunda, complexa, e estratificada autoridade do sistema antigo.Os significados vivos que emergem da paisagem, uma vez ouvidos, voltam a ligar-nos ao cosmos, ajudando-nos a recordar o nosso verdadeiro lugar.

PARTE 1

# Em nome da Imanência

A imanência é antiga, mas amplamente esquecida. Num sentido colonizado tem uma qualidade inferior, como se fosse uma coisa menor. Mas tem a ver com emaranhamento e interdependência, com um movimento secreto e vital de contínuo devir. A imanência tem a ver com texturas, emoções de experiências e prática, com tudo o que flui através do corpo até à Terra sagrada. Tem a ver com uma realidade divina profundamente enraizada e elementar.

A imanência está a "tornar-se", e "tornar-se" é um verbo. É uma criação que se auto-cria. Na minha mente aparece a imagem de um fio que se transforma infinitamente, sem orientação para a sua criação ou destruição eterna. Actua por sua conta e em reciprocidade, de uma forma criativa e reactiva ao seu contexto.

*A imanência está viva e emerge, transforma-se.*

Esta imagem simbólica pode ser transposta para todos os sistemas vivos, teias abertas de emergência constante, orquestras sem maestro. Para explorar a imanência, as suas melodias e ritmos intrínsecos de tudo o que é latente e natural, temos de nos re-conectar com a natureza mais íntima da realidade. A imanência emana da Terra, do seu núcleo. Da sua antiga e recíproca relação com tudo o que existe.

*Ela é sagrada e precisa de ser lembrada, re-significada, pois fala na linguagem dos símbolos, sonhos, imaginação, e subjectividade.*

Ela fala através da nossa barriga, dentro do nosso coração, e pela nossa intuição. A imanência tem a ver com conhecer intimamente o seu lugar, onde os pés encontram o chão. Significa conhecer a sua história, origens, padrões e o seu futuro. Significa respirar em ligação com a Terra. Significa lembrar-se de abrandar e ouvir.

*A imanência foi culturalmente derrubada em nome da transcendência.*

Num desdobramento transcendental, tentamos dar sentido à realidade sentindo que ir para dentro das águas escuras da criação desperta dor, sombras e lutos. Todos nós temos tanta dor enterrada nos ossos que não queremos embarcar nesta viagem, por isso continuamos para a luz – o caminho bem iluminado e pavimentado. Não queremos os meandros da dor, pois há muita na nossa realidade. Por isso, porquê incomodar-nos? Uma forma de restaurar a sacralidade de tudo é reconhecer os ciclos, incluindo os ciclos de dor e sofrimento que habitam no nosso corpo, quando decidimos apenas viver e ir em busca da luz. Desconsideramos que a transcendência está dividida do fluxo sagrado da realidade. Ela escapa para o cosmos seguindo as expectativas individuais, as coisas perfeitas, a harmonia, ou a paz. Não há nada de errado em esperar a paz, mas só a podemos alcançar aventurando-nos no núcleo das coisas. **Ao contrário da transcendência, a imanência não é adquirida ou externa.** Ela vive na sacralidade do nosso sangue, com as formas distintas e peculiares da nossa ligação única ao núcleo do cosmos. A imanência não funciona com luz ou sensação de iluminação, pois trabalha nas profundezas e na escuridão que habita no misterioso negro que nos envolve a todos, o vasto abismo cósmico. Tem a ver com mergulhos profundos, mas não individuais. Um mergulho profundo que reconecta e cura a teia da comunidade. São quedas de recordação que funcionam com toda a energia divina armazenada ao longo da fascinante teia da vida.

*A imanência reconhece que o núcleo de todos os seres, nas suas múltiplas vozes dinâmicas, é a camada secreta de onde respira, exalando e inalando a sacralidade viva que habita no seu interior.*

Precisamos de nos lembrar urgentemente do caminho interior, a única viagem que remenda a teia da criação. Se continuarmos a transcender e a fugir, esquecemos os ciclos, a respiração e mesmo quem somos. Precisamos de nos lembrar do caminho interior que cura o entrelaçamento do universo.

# Integrar opostos complementares

Clarificamos agora o acto fundamental e intencional de inscendência, assim como explorar o binómio transcendência e imanência na jornada espiritual através dos seus vários conceitos associados.

Thomas Berry (1914-2009) declara: "O universo é uma comunhão de sujeitos, não uma colecção de objectos." Berry deu-me um enorme presente, a validação da minha viagem interior, a palavra inscendência. Como criaturas da Terra, não podemos transcender a vida e o dia-a-dia.

*"A Terra é a nossa origem, o nosso alimento, a nossa educadora, o nosso curandeiro, a nossa realização. No seu âmago, mesmo a nossa espiritualidade é derivada da Terra" (Universo Sagrado, 69).*

Como refere Berry, a inscendência refere-se ao impulso não somente para se erguer acima do mundo, transcendência, mas para descer nele e procurar o seu núcleo. Encontrar as dependências e identificarmos onde pertencemos.

## A prática da inscendência

Segundo Berry e a experiência indígena, como também explorei anteriormente, o que é necessário não é transcendência, mas inscendência. Não o cérebro, mas o gene.

Segundo ele, devemos descer aos nossos "eus" originais, os quais entendo como os que possibilitam o diálogo intencional, participativo e a co-emergência através da consciência selvagem e indígena, **para nos podermos tornar criaturas de criatividade em vez de criaturas de reactividade.** A ciência deu-nos uma nova capacidade de olhar para o mundo, parcial e limitada, como já vimos anteriormente. **A sua conjugação com o olhar intuitivo de conhecer ou confiar nos nossos recursos interiores, através da validação da sabedoria intrínseca e imanente do coração, permite que um novo paradigma surja.** Existem muitos processos à nossa disposição para despertar esta nova sensibilidade que se torna experiência sentida, incluindo as chamadas práticas do cérebro direito que são tradicionalmente consideradas mais femininas, assim como a experiência de admiração pela reverência da beleza da Natureza.

*O resultado pretendido é tornar-nos mais inteiros, assumindo tanto a transcendência como a imanência.*

# Em cima e em baixo

Eugene D'Aquilla and Andrew Newberg (1999) dividiram métodos de alcançar experiências místicas e espirituais em duas categorias: uma para lá do horizonte e outra das raízes da terra.

**Os métodos de para lá do horizonte,** como, por exemplo, a meditação, a contemplação ou a oração, chegam à transcendência através do relaxamento do corpo e do acalmar e focar da mente. Isto é conseguido acalmando o ramo parassimpático do sistema nervoso, que limita a produção de energia do corpo e mantém a mente em equilíbrio.

**Por outro lado, os métodos das raízes da terra,** como o trance, a dança, o cantar, a respiração activa ou o yoga vigoroso, activam a imanência através da excitação do corpo e contornando a mente. Isto é conseguido através do ramo simpático de excitação do sistema nervoso, que activa o fluxo de energia em todo o corpo.

*"Uma visão que muitas vezes levou à repressão, à regulamentação ou transformação destes mundos ao serviço dos objectivos superiores de uma consciência espiritualizada. É por isso que espiritualidade desencarnada muitas vezes cristalizada numa vida espiritual de coração partido, que se baseava de forma preeminente no mental e/ou emocional de acesso à consciência transcendente e que tendia a ignorar fontes espirituais imanentes no corpo, na natureza e na matéria". (Ferrer, 2008, p. 1).*

Adaptando a afirmação de David Hartman, aplica-se o mesmo princípio ao domínio psicológico. A transcendência ou metodologias transpessoais, caminhos "ascendentes" de trabalho junguiano e energia do espírito, ou as modalidades imanentes centradas no corpo e na natureza, os caminhos "descendentes" da bioenergética, de trabalho somático, respiração ou xamanismo.

*"A mesma distinção é feita na linguagem poética debaixo do solo e para além do horizonte. Pois estas parecem ser as duas dimensões primárias de onde as coisas entram na presença aberta da paisagem e para aonde partem. Fenómenos sensíveis estão continuamente a aparecer e a desaparecer para fora destes dois reinos muito diferentes de ocultação ou invisibilidade. Uma trajectória é uma passagem para fora, ou para dentro, de uma vasta abertura. A outra é uma descida para, ou um brotar de, uma densidade embalada."* (Abram, 1996, p. 213-214).

## As "duas" dimensões do divino

A viagem sagrada e espiritual da vida pode ser vivida de várias formas:

- Há a dimensão vertical e ascendente, para fora e para cima, mais masculina e transcendente, onde o espírito é abstracto e uno.
- Por outro lado, há a dimensão horizontal ou descendente, para dentro e para baixo, mais feminina e imanente onde a alma é singular e diversa.
- Há ainda a dimensão integral sem distinção entre o cima e o baixo, espírito ou alma, onde a ancestral energia cósmica se enterlaça em co-criação com a sagrada energia telúrica.

**A dimensão horizontal trata-se de uma visão mais selvagem, terrena e sensual.** Muitas das valiosas e complexas culturas contextuais dos primeiros povos falam que a alma tem várias partes: uma parte que pertence ao espírito e volta ao cosmos quando morremos, outra que anima a singularidade de cada um e outra que faz parte do lugar ao qual pertencemos e aí retorna quando o corpo entrega a vida. Tanto a cultura de raízes eurocêntricas (mas não só) como a maioria das religiões monoteístas omite ou obscurece a metade do submundo da viagem espiritual. Negligencia o lado feminino, mantendo-se numa camada masculina não madura. Estes dois lados da espiritualidade são distintos, mas complementares, e juntos formam um todo multidimensional. **Qualquer um dos dois está incompleto sem o outro.** Um reino de espiritualidade vira-se para cima em direcção à luz, e ajuda a transcender a nossa (egoística) insistência de que o mundo tenha leis dogmáticas certas e não outras. Por seu lado, a viagem de descida prepara-nos para viver no mundo e mostra-nos onde (e como) se encontra a nossa singularidade diversa. Nesta metade da viagem espiritual, não nos erguemos em direcção ao céu, **mas caímos em direcção ao centro, ao núcleo do nosso ser.** Embora igualmente sagrada, e talvez bem mais antiga que a viagem de ascensão, não é muito familiar para pessoas de culturas ocidentais. Segundo Bill Plotkin no seu livro SoulCraft (bem como toda a sua bibliografia, na verdade), espiritualmente **podemos expandir-nos em duas direcções: em direcção ao espírito e em direcção à alma.**

Por alma entende-se o núcleo vital, misterioso e selvagem do nosso ser individual. É uma essência única (mas não una, pois é composta de muitas partes) para cada pessoa, que se refere às qualidades encontradas em camadas mais profundas das nossas personalidades. O núcleo da alma revela valores, capacidades e conhecimentos. **A alma é o reino sagrado dos nossos mais sinceros propósitos, dos nossos significados diversos, mas únicos, e dos significados últimos das vidas individuais.** Segundo várias cosmogenias de culturas ancestrais, tal como a cultura xamânica chinesa ou tolteca, a alma habita no lugar do coração.

Por espírito entende-se o mistério único, grande e eterno que permeia e anima tudo no universo e que, transcende tudo. Cada alma existe como um agente para o espírito.

**O espírito e a alma são ambos sagrados, imbuem a vida de sentido, beleza e mistério.** Espírito e alma são ambos transcendentes e imanentes, pois existem para além da esfera pessoal, para além da mente ou da personalidade convencional.

# Opostos complementares

Plotkin refere que a alma é o que há de mais selvagem e natural em nós. Em contraste com a alma, o conceito de espírito aponta para o que todas as pessoas e todas as coisas têm em comum: a nossa pertença partilhada num cosmos plural. Cada um de nós tem uma faceta do tecido cósmico que tudo contém. O espírito transcende todas as coisas e é imanente em todas as coisas. O espírito, por outras palavras, pode ser pensado como algo majestoso "lá fora", algo retirado da vida comum do dia-a-dia, mas o espírito é simultaneamente o que infunde tudo e todos, a terra, a atmosfera, os animais, todos os povos, as nossas criações humanas, os nossos próprios corpos e nós mesmos. O Espírito é a teia suprema que engloba tudo o que existe.

*A natureza, como o próprio cosmos é sinónimo de espírito ou é espírito incorporado e imanente.*

O que estas três dimensões - alma, espírito e natureza - têm em comum é o facto de serem selvagens, de serem indiscutivelmente para além do que podemos controlar ou reclamar como posse. **Pertencemos e servimos a teia.** Não somos donos da terra, mas pertencemos-lhe, como sabem os povos indígenas. Estas três dimensões, são bem mais profundas e muito mais expansivas do que a mente consciente.

Ao mergulhar nos mistérios da alma, descobrimos os poderes essenciais e aprendemos a integrá-los nas escolhas e acções diárias. Por outro lado, o espírito não está preocupado com as particularidades da direcção de cada vida individual. O espírito convida simplesmente a regressar ao espírito, através da rendição até ao momento presente. O espírito leva-nos numa direcção da mente consciente ou da personalidade, e a alma leva-nos na outra. **O movimento em direcção ao espírito é uma viagem de ascensão, uma viagem de transcendência, enquanto o movimento em direcção à alma** é uma viagem de descida, ou o que Thomas Berry chama de inscendência, uma viagem ao núcleo que se aprofunda.

A transcendência é normalmente associada ao sol nascente. É uma ascensão para lá do horizonte, ao vazio sem limites do espaço, uma viagem ao mundo superior, uma união com a luz. O caminho da alma é frequentemente associado ao pôr-do-sol, à descida às raízes terrestres, ao selvagem do debaixo de terra, uma viagem ao submundo, uma viagem na escuridão ou na sombra.

Quem viva excessivamente no mundo superior uma visão transcendental de tudo. Tende a ver luz, amor, unidade, e paz em toda a parte. Por outro lado, quem viva excessivamente no submundo vê o mundo de forma mais paradoxal. Tende a ver os significados escondidos, o mistério, e a imanência em toda a parte. Gravita em direcção ao oculto e o paradoxal. **É devido ao seu movimento descendente e sombrio que muitas pessoas entendem mal ou temem a viagem de descida.** As tradições religiosas ocidentais associam a direcção descendente com um afastamento do sagrado, para o mal e a maldade, para o "inferno".

*Historicamente fomos levados a acreditar que a natureza e a alma (e consequentemente o feminino) não são meramente selvagens, mas inerentemente perigosos, proibidos, sujos e mesmo maléficos.*

Contudo, o medo da natureza e da alma é o medo da nossa própria essência, da origem. Plotkin continua a dizer que alguns dos nossos antepassados culturais também se sentiram ameaçados pela feminilidade, em parte porque o feminino (nos homens) é totalmente conhecedor da natureza e da alma. A mente masculina não iniciada (tanto em homens como em mulheres) entende o mundo superior como masculino (portanto, a preponderância de deuses e profetas masculinos, sacerdotes, imãs, roshis, e yogis) e o submundo como feminino, pleno de criaturas monstruosamente animalescas, demónios e bruxas.

*"Após o despertar inicial, a primeira fase da viagem do ego para o além é uma odisseia escura para o inconsciente, uma odisseia que tem sido descrita de muitas maneiras, por exemplo, como uma descida no submundo (Grécia clássica e Roma), como uma descida ao inferno (Cristianismo, Dante), como uma viagem aos reinos demoníacos (Hinduísmo, Budismo), como uma luta contra fenómenos diabólicos (makyo: Zen), como uma viagem de herói (Jung, 1912; Campbell, 1949), e como uma descida à Deusa (feminismo contemporâneo). Esta odisseia, aqui chamada regressão ao serviço da transcendência, é escura e difícil."* (Washburn, 2003, p. 28).

**Onde a alma está associada aos muitos mistérios terrenos, o espírito está associado à bem-aventurança celestial.** A alma abre a porta ao desconhecido (ou ao ainda não conhecido), enquanto o espírito é o domínio para além do conhecimento de qualquer tipo, consciência sem um objecto. **A alma é encontrada no inconsciente, enquanto o espírito é apreendido em estados de supra-consciência.** Ambos estão associados a estados de êxtase, mas o encontro com a alma é caracterizado por sonhos e visões pessoais de destino, enquanto a realização espiritual gera uma consciência pura e sem conteúdo (abstracta).

Naturalmente que uma abordagem inteira da espiritualidade e do divino entrelaça a ascensão e a descida, tornando equilibrada a experiência tanto do mundo superior como do submundo, no núcleo imanente das coisas. **As viagens para cima e para baixo suportam-se umas às outras.** Embora entendidas como distintas, mesmo opostas, são as duas metades de um único caminho em direcção ao cumprimento e à plenitude. Por outro lado, a alma e espírito, a imanência e a transcendência, não se opõem de forma alguma um ao outro. São, para usar uma frase de James Hillman, "duas forças polares de um e do mesmo poder". Poderíamos chamar a essa única potência o sagrado, ou o Grande Mistério. O espírito é o mistério da Luz, da vida eterna. A alma é o mistério do único e infinitamente diverso, do submundo e da profundidade, do escuro e da morte.

## E a Beleza?

É certamente sagrada, mas também tem um significado simplificado para os seres humanos num mundo ocidental moderno. A beleza tem sido confundida com perfeição, com a expectativa de manter o seu ideal permanentemente fixo.

*Mas, como tudo o resto neste multiverso, ela muda de forma e transforma-se. Foi também confinada dentro de uma esfera humana solitária, como medida e referência.*

A beleza não tem nada a ver com posts de Instagram, poses voluptuosas ou fotografias altamente construídas. A beleza não está limitada à nossa norma cultural humana do que é belo, nem tem a ver com um olhar exterior. A beleza é um fio muito mais diversificado e vital nas nossas histórias e experiências.

**Lembra-nos os territórios poéticos pelos quais já viajámos; liga-nos ao nosso contexto. É uma vibração divina da relação entre a miríade de coisas.** Ao fechar o nosso olhar sobre todas as coisas belas, desligamo-nos do poder da criação. A beleza é imanência selvagem, transbordante de vida, plena de possibilidades dinâmicas. Quando aprisionamos a nossa relação com todas as coisas belas, separamo-nos da beleza nas suas múltiplas formas, tamanhos ou fases. As expectativas podem matar a beleza.

As coisas belas e selvagens não são apenas para ser vistas. **Elas devem ser tocadas mas não dominadas ou controladas. São para serem sentidas, mas não conquistadas.** As coisas belas e selvagens derramam-se sobre tudo, mergulhando e despertando-nos para a essência cósmica divina. Há as que seguem a norma de como deve ser a beleza, como uma flor com cores vibrantes e fragrâncias líricas.

*Mas também há belas de formas estranhas, como uma romã podre a decompor-se no chão ou ruínas antigas cheias de memórias e sabedoria viva.*

Quando se olha para a beleza, faz-se parte dela. Não é uma experiência exterior objectiva. É uma ligação e ressonância interior, cheia de mistério poético. Não existe tal coisa como "fora de casa"; todo o ser senciente belo está em relação com tudo o resto. **A beleza é um tema comunitário.**

Abramo-nos a uma realidade bela, mesmo nos seus contextos duros e violentos. Encontrar o fio da beleza divina é um trabalho de tutela de ligação à própria vida.

"Os Lugares são sistemas complexos e dinâmicos de auto-organização por entidades humanas e outras - temos de nos render e aceitar que fazemos parte de um sistema que se está a observar a si próprio"

Tyson Yunkaporta

# PARTE 2
# Viver em Imanência

PARTE 2

# O Sonho

## O Mapa

O meu objectivo não é trazer respostas, **pois estas habitam onde fazemos as perguntas certas**. O objectivo desta viagem é trazer perguntas, para que cada um de nós - na dimensão e contexto de vida - possa aceder à sabedoria interior. Porque é aí que o sonho habita, é aí que pode ser materializado, concretizado e posteriormente experienciado na vida, em nós, no que produzimos e assim como nas relações. Por vezes o significado que atribuímos a relações é muito pequeno.

**Enquanto sistemas vivos, estamos sempre em permanente relação com tudo, pessoas, animais, plantas, paisagens ou casas.** Enquanto biossistemas estamos sempre nessa reciprocidade de relação. Não apenas do ponto vista mental e racional, onde tentamos organizar as coisas, onde tentamos criar os espaços para concretizar, mas isso é apenas uma parte ínfima do nosso ser, da nossa consciência total e do sonho da nossa vida.

Nesta segunda parte convido o leitor a elaborar um mapa, o mapa da consciência da realidade, concretizando o território da vida, real, com todas as potencialidades, todos os desafios, obstáculos e tristezas e onde o sonho está sempre presente, independentemente de tudo isso.

*Na verdade seremos viajantes por esta dimensão por estas várias camadas da realidade.*

---

## + EXERCÍCIO +
### Os Sonhos da vida

Escreva quais os sonhos de vida, independentemente de estarem ou não concretizados, de serem reais ou irreais, apesar de haver ou não condições de os alcançar. O que almejamos, que nos faz vibrar, e que nos apaixona.

---

## A Vida é um Sonho
### O sonho é o criador da vida

É uma frase que é transversal a muitas sabedorias ancestrais do mundo, inclusive da metafísica chinesa e japonesa. A lógica é que tudo começa no sonho e é a partir daqui que as coisas se materializam e concretizam. **A vida é um sonho sempre, quer estejamos acordados** ou a dormir, e é a partir do sonho que concretizamos, co-criamos a nossa vida com o nosso contexto, as nossas relações.

## As Quatro Dimensões

Quando falamos de sonho aprofundamos as relações entre quatro dimensões essenciais: consciência e espírito, natureza e alma.

Estamos sempre a falar de Yin e de Yang, de opostos complementares. Sempre a viajar pelas realidades transcendentes e pelas realidades imanentes pelo Céu e pela Terra, por aquilo que imaginamos e por aquilo que realizamos, nestas dimensões de espírito e alma, consciência e coração.

De outra forma, se viajamos só por um ou só por outro, a nossa concretização, a nossa materialização, a nossa vida, sentimo-la como estando aquém, em falta, com algum vazio porque não usamos a plenitude da nossa conexão ou de quem somos.

## Destino

### Mapa e Território

Temos que nos orientar para o nosso destino tendo em conta duas definições diferentes: mapa e território. **O mapa é o nosso guia teórico, o território é onde colocamos os pés todos os dias, aquilo que nos fala da nossa realidade concreta da vida. O território fala da nossa experiência imanente de vida.**

O que pode ser um mapa? **Um mapa pode ser muita coisa pois nunca é unidimensional.** Segundo José Rivera, um mapa pode ser uma conversa, uma transferência discursiva de informação, um compromisso, um acordo com as limitações do material físico, um agregado de significado, uma combinação de informações significativas, um objecto histórico, um artefacto físico. Mas também uma representação artística ou expressiva que mostra alguma habilidade imaginativa. Um mapa é sempre um ponto de vista, uma ideia, uma elemento conceptual que permite processos cognitivos. Um mapa reflecte uma série de escolhas e afirmações sobre o que incluir e o que excluir. É também uma construção social, interacção de poder e conhecimento, uma interacção perceptiva de figura e terreno.

É, naturalmente, um documento de representação, um registo de particularidades, um modelo, não a coisa, mas a sua própria coisa. Mas um mapa também reflecte produção de conhecimento, uma prática e processo de criação de sentido, um método de aplicação, um inquérito sobre a identidade, uma tentativa de descrição. A elaboração de um mapa tem sempre imbuídas referências e alusões a um conjunto de ideologias e sistema de relações, processos de entrelaçamento que se influenciam uns aos outros.

É a concepção da informação, uma decisão estética e propositada, registo de ligação geoespacial entre paisagens. **Um processo de se tornar, uma combinação de estados que aceita a mudança, uma camada de multiplicidades, estratos de várias situações e ocorrências temporais.** Um método de orientação, facilitador de procedimentos para encontrar caminhos numa leitura espacial, uma análise dos atributos físicos. **Os mapas são indissociaveis do movimento, do que se transforma e emerge.**

Por outro lado, quando falamos de sonho temos de falar sempre da dimensão de destino. **O destino é o mapa mítico da nossa vida, é aquilo que nos orienta não necessariamente de forma racional, mas com o coração.** O nosso destino pode ser um triunfo ou um falhanço total. Porém,

o nosso destino nunca é quantificável, hierarquicamente superior
ou inferior, o nosso destino simplesmente é.

**O diálogo entre o mapa que temos dentro e o território por onde
caminhamos é sustentado sempre pela conversa que temos com
a nossa vida, pelo diálogo que vamos desvelando com as nossas
relações (relações no sentido lato).** Para alcançarmos o nosso
destino, seguindo este mapa interno, temos que ser corajosos em
atravessar este território real, de outro modo podemos ficar bloquea-
dos, é importante encontrarmos ferramentas para alcançarmos de
novo esta corajosa participação e nos entregarmos ao mundo. Sem
isso é só teoria e a prática consciente, presente da manifestação
dos sonhos, fica longe e sentimos que a nossa vida perde o destino,
perde a razão, atrapalha o objetivo.

O nosso mundo é difícil e a definição de destino não é romântica,
é crua e muito real. A única coisa com a qual podemos trabalhar é
a realidade. O cumprir, o observar deste mapa, tem a ver também
com a generosidade da nossa partilha, tem a ver com a forma como
somos generosos na partilha dos talentos. Esta conversa entre mim
e a realidade, entre mim e a vida, entre mim e o meu contexto **não
é só receber é sempre para dar**. Esta é a prática da generosidade
selvagem.

*Também para percorrer as profundezas deste território eu
tenho que estar familiarizado com os seus abismos, no fundo,
com as crises de vida. Porque, assim como o sonho, o destino é
alimentado por tudo isso.*

Quando se fala de realização de sonho, de um objectivo ou paixão
como algo apenas de alegrias, não é verdade. **A realidade é sempre
ambígua e paradoxal.**

eremos de estar familiarizados com as nossas profundezas, porque só assim podemos resgatar os nossos verdadeiros valores e descobrir elementos surpreendentes de quem somos realmente. O destino sendo o nosso sonho, temos que intuir onde e como navegamos. Algo que está muito subjacente a esta viagem é a **honestidade**. A honestidade pessoal, a honestidade connosco próprios. Sem isso será muito difícil.

# Peregrinos

*Somos viajantes*

Antes de iniciarmos qualquer viagem temos de traçar uma rota, neste caso o mapa da nossa consciência e o território do nosso coração onde somos viajantes e peregrinos. O peregrino é alguém que não sabe o que é mais importante - se o caminho, se o destino. Um peregrino está sempre de passagem, porque está sempre a caminhar pelo seu próprio território, sempre na perspetiva dinâmica da vida.

*Quando assumimos este lugar de honestidade e de presença integral na vida, no nosso território, tornamo-nos automaticamente peregrinos. O objectivo não é controlar, mas aprender a cada passo, caminhar consciente.*

O convite para esta viagem é tão assustador como maravilhoso, porque é uma viagem do Ser, uma jornada total de consciência. É uma navegação rítmica, que pulsa e vibra, é uma peregrinação viva. **Não é uma teoria, é algo que estando inteiramente presente em nós, fazemos naturalmente.** A vantagem de sermos viajantes é que assumimos, automaticamente, que estando de passagem (mas sempre em pertença radical e imanente) estamos num lugar de transição, assumimos que nunca sabemos os que está para lá deste limiar, é sempre uma constante descoberta.

Esta perspetiva do peregrino é muito útil para a presença na vida. A vida é movimento mas, apesar de tudo mudar, há algo imutável como a nossa voz, a conexão à ancestralidade e a identificação por quem somos. Não as identificações transitórias, que passam nas várias fases da vida, falo daquela voz nuclear, a da alma que caminha sempre connosco, colocando sempre um pé à frente do outro.

*Não interessa o quão difícil seja o terreno, o quão longe sintamos o destino. A voz interior caminha sempre aliada ao sonho da vida.*

# Génio Pessoal

*Conversa a ser seguida, aprofundada, compreendida e celebrada*

Assim, temos o mapa do destino, o território onde esse destino se concretiza e temos esta dinâmica do peregrino que viaja, seja pelas profundezas, seja pelo horizonte.

Temos o génio pessoal, a singularidade diversa que carregamos dentro. Este conceito foi adaptado da observação da energia do exterior. Os antigos definiam os lugares onde se encontravam com o termo 'espírito do lugar', que reflecte a conversa dinâmica entre os vários elementos de uma paisagem. E que faz com que cada lugar tenha uma energia própria, tenha uma espécie de personalidade, de identidade, com uma vibração particular que pode criar uma série de emoções, sensações e que abre ou fecha caminhos. **É a confluência diversa e singular de cada lugar.** Para os nossos antepassados que calcorreavam o território literalmente, era muito óbvio a noção distinta de cada lugar, a vibração que pode incutir medo ou relaxar.

O poeta David White disse: "O génio humano existe na geografia do corpo e na sua conversa com o mundo." O génio humano é a tal imutabilidade, que caminha connosco, que muda connosco, que está em nós e que habita o nosso corpo. Este génio não está só no cérebro, está muito presente mais em baixo no corpo. Quando temos a energia sempre no cérebro, perdemos a conexão a este génio pessoal. Segundo esse poeta, **o corpo é um território vivo tal como a identidade que nele reside**. O nosso génio pessoal é vivo, a nossa identidade é viva, dinâmica, evolutiva. Somos uma confluência de fluxos herdados, de sítios onde habitamos, de pessoas com que nos relacionamos, dos genes e hereditariedade da nossa própria família. Tudo isso conta para a forma como caminhamos no nosso território. Quer seja uma família nutridora com quem caminho, quer seja uma família violenta de quem me quero afastar, fazem, inevitavelmente, parte de mim, mesmo que não o queira assumir.

Todos temos esta assinatura única que é herdada dos antepassados, da paisagem, da família, da linguagem da família (as palavras são os símbolos mais fortes que temos, podem abrir ou fechar todas as portas). Temos também as nossas memórias, as feridas, os triunfos, as histórias contadas e as histórias por contar, tudo isto faz parte do nosso génio pessoal.

Muitos de nós passamos, senão uma vida inteira, muitos anos numa eterna luta, porque não conseguimos assumir, encarnar, materializar esse génio pessoal. Não sabemos, não o encontramos, **porque não o vemos como uma identidade viva, imanente, presente e relativa** aos antepassados, às memórias, às histórias, porque somos feitos de alegrias e lutos e o génio pessoal também. **Porque este território da vida é feito de praias paradisíacas e de abismos profundíssimos**. Então, a integração desta variabilidade é essencial para a maturação e para conseguirmos entender, dialogar, encontrar o génio em nós. Este génio é o que está ligado aos nossos sonhos.

*Viver este génio, requer a habilidade do diálogo. É uma dinâmica recíproca, sempre um dar e receber. Desde que nascemos e até morrer estamos sempre em conversa com o mundo tenhamos ou não algo para dizer.*

Ter a habilidade de experienciar esta conversa, entre a nossa geografia corporal que traz tudo isto, as memórias, as histórias, as emoções, os lutos, as alegrias, e a geografia do terreno que habitamos, também as suas emoções, memórias, lugares, dificuldades, obstáculos e potencialidades. **O génio pessoal não é uma comodidade a ser encontrada, mas é uma conversa a ser seguida, aprofundada**, porque os nossos talentos e dons são sempre diversos e podem sempre ser aprofundados, cada vez mais enraizados em quem somos e na forma como caminhamos na vida. Quando assumimos esta conversa profunda encontramos as possibilidades no horizonte, a dúvida do que está para lá da fronteira do que vejo deixa de ser ameaçadora e passamos a ver "O que está para vir?". Porque aí temos o nosso génio em conversa profunda com a nossa realidade. **Somos viajantes enraizados no nosso génio pessoal, plenos de consciência da grande importância desta conversa com a vida.**

Estas três dimensões, mapa/território/destino, viajante/peregrino e génio são importantes para esta viagem que vamos agora começar.

# Qi Cósmico e Qi Pessoal
## A frequência da Terra

Segundo a metafísica, a construção da realidade chinesa e japonesa existe a dimensão de Ki (há quem escreva Chi, Qui, Qi, nenhuma está certa ou errada, porque é sempre a tradução de uma linguagem ideográfica para uma linguagem vocal).

Ki é a energia vital, é um conceito muito usado pelas sabedorias ancestrais (prana, mana, são outros nomes para a mesma coisa). Esta energia vital permeia os alimentos, o corpo, tudo o que acreditamos que é espaço vazio à nossa volta está pleno de Ki. **Na cultura mais causal, o que não for quantificável não existe.** Esta visão de que vivemos e nos activamos num mar de Ki é uma visão que transforma a nossa realidade e a forma como vemos as coisas.

Há o Ki cósmico (consciência, espírito) e o Ki pessoal (alma, coração). Estamos envoltos neste planeta vivo numa rede de Ki cósmico e este Ki liga-nos a todos. Todos estamos ligados a essa rede. Este Ki representa outra dimensão, é atemporal, o passado, o presente e o futuro existem todos em simultâneo (não existe nas nossas dimensões lineares de tempo da cultura ocidental). Esta rede de Ki cósmico é um campo de possibilidades em consciência. É uma rede ao qual todos os nossos Ki pessoais, energias individuais, estão ligados. Este ki cósmico é não só emanado pelo cosmos, mas também da energia da Terra, a bio-energia emanada por um planeta vivo como o nosso. **Na Terra temos os campos geomagnéticos, que têm a mesma frequência (0,1 Hz) da comunicação entre o cérebro e o coração.** Quando estamos alinhados e enraizados nesta energia da Terra, a comunicação dos sistemas de sabedorias do coração e cérebro ficam privilegiados e em fluxo. Na verdade, todos os seres vivos (animais e plantas). E todos os sistemas vivos têm ressonância com esta frequência base da Terra. Esta energia cósmica está sempre a enformar o Ki pessoal, que é o viajante e o seu génio pessoal, pois é aqui que se encontra a nossa identidade integrada.

**Segundo a Ciência actual e a metafísica chinesa vivemos em frequência, em vibração análoga com a energia da Terra e condensamos a nossa energia de crenças em matéria.** Este conceito é tão assustador como maravilhoso. Vivemos a construir a realidade, através do território por onde caminhamos, em função da passagem das crenças para a matéria. Assim, se não conhecermos, se não nos inteirarmos do nosso próprio sistema de crenças, não sabemos que território estamos a co-criar na nossa vida, o que pode ser espontâneamente bom, ou surpreendentemente mau.

Esta frequência de baixa intensidade da Terra, que tudo permeia, é uma forma de Ki que emana da Terra, que também nos conecta. Estamos inevitavelmente ligados a este Planeta, por todas as razões e uma principal que é a maior força do Universo: a gravidade. **Todos os nossos sistemas são puxados para a Terra, isto é importante porque é nela que caminhamos.** A metafísica chinesa é dual (Yin e Yang), mas tridimensional (trigrama com a dimensão da Terra, do humano, do Céu). Esta tridimensionalidade da realidade é do que estamos aqui a falar: a dimensão da nossa conexão à vibração da Terra, a dimensão do Ki Cósmico e estamos aqui a meio nesta tridimensionalidade. **Então estamos exactamente onde devemos estar, sempre.** O objectivo deste livro não é a imaturidade do pensamento positivo (fixada na transcendencia dissociativa da realidade, como referido anteriormente) — "vou pensar que vai ficar tudo bem, e tudo fica bem" —, porque a vida não é monocromática do positivo, **é multicolorida do positivo ao negativo e todas as cambiantes entre eles.** O objectivo não é para ficar tudo bem outra vez, mas para resgatar ferramentas, para vivermos todas as cambiantes da vida. Por vezes, na nossa cultura, temos esta expectativa do que vai fazer desaparecer as dores, lutos ou tristezas, mas tudo isto também faz parte da vida.

# Física Quântica

*Todos temos uma realidade pessoal*

A física quântica veio trazer uma série de desafios ao modo mono-causal, cartesiano, de observar a realidade da matéria. Neste mundo da dimensão quântica, o observador modifica o resultado do observado onde temos partículas intimamente ligadas, independentemente de estarem separadas por espaço e tempo, que mudam instantaneamente para a mesma vibração. Isto veio desafiar uma série de pressupostos, pois a física quântica tem leituras dentro de outras áreas de saber como a Psicologia ou a História. A Física Quântica, quando adaptada aos sistemas psicológicos, à energia das nossas crenças, refere que **todos temos uma realidade pessoal**, daí a importância do mapa, e de sabermos conhecer o nosso território, porque enquanto observadores conscientes, plenamente integrados, com a noção das crenças, dos valores, do génio pessoal, alteramos o território, é inevitável.

**Não acontece porque quero, acontece por uma conversa de integração.** A nossa realidade é construída dos pontos de vista que são aceites pelo cérebro, ou seja, aquilo que eu aceito ser real, torna-se real.

Assim sendo, há várias dimensões a ser trabalhadas. Nada disto é simples, pelo contrário, é bastante complexo. Há grupos, ou nuvens de consciências que são grupos culturais, pois uma cultura é um sistema de crenças relativamente à realidade que habita. Enquanto participantes de uma cultura, temos crenças normativas dessa mesma sociedade, somos produto directo desse sistema de crenças que nos envolve e educa. O que muita gente numa cultura assume ser real, passa a ser real para esse grupo cultural e tem muita força. Veja-se a dificuldade dos movimentos alternativos ou contracultura em se expressarem, sentindo-se sozinhos por irem contra a norma da cultura, **a norma de um sistema denso de crenças muito activas de milhões de pessoas (o chamado normal).** Mas são, ainda assim, movimentos valiosos por serem críticos na norma dessa cultura. Por exemplo, Einstein, na cultura ocidental, foi percebido muito parcialmente, ele postulou tudo isto muito de acordo com estas sabedorias ancestrais e com outras descobertas e concretizações também.

Um dos processos deste cultivar da consciência e do coração é mudar o registo de frequência de reactivos para activos - quando deixamos de limitar a nossa percepção, deixamos de estar em reação natural a algo que não é nosso, mas que sentimos que não podemos mudar. **Então facilmente entramos neste modo criativo, que é o nosso modo natural.** Todos nós, seres humanos, temos estas dimensões entre criação e destruição. Precisamos de ambas, ambas são valiosas. A cultura moderna ocidental pende mais para a destruição do que para a criação. Então, o desafio é acordar. para o valor intrínseco das nossas percepções, para voltarmos a ligar ao peregrino, para nos tornarmos de novo co-criadores, permeados pela vida e todos somos guardiões da vida. Uma das premissas da metafísica chinesa é que todas as ondas energéticas carregam consciência, todas as ondas eletromagnéticas carregam informação, o que quer dizer que temos **uma diversidade riquíssima de informação à nossa volta, só temos que abrir a nossa percepção, rescrever o nosso mapa, retirar barreiras do que é ou não possível.**

# Espiral da Criação
## Níveis de consciência

No Ocidente esquecemos muito a profundidade complexa das coisas. Na Medicina ocidental, que é extremamente útil, só se estudam e tratam os comportamentos e sintomas de resposta à realidade, nunca indo à natureza da realidade ou à origem das coisas.

*Para entendermos a realidade das coisas temos que percepcionar o invisível que, embora não seja quantificável e não se veja, ele existe e está cheiíssimo de informação. Este é um desafio enorme para a nossa consciência ocidental, baseada nas faculdades da mente, que são fantásticas, mas têm limitações.*

Um dos processos da mente racional (muito útil, mas também muito perigoso) é a capacidade de síntese. Esta faculdade do néocortex permite-nos escolher os pontos principais de algo, fragmentando em partes para o entender. **Quando falamos da natureza da realidade, quando a separo em partes, perdemos sempre a complexidade e a totalidade da experiência. A relação fica sempre inevitavelmente parcial, mecanizada, interrompida.** Por isso, é que as faculdades fantásticas da mente não são para pôr de parte (nunca!), mas devem ser sempre integradas com o resto da nossa geografia, pois de outra forma apenas viveremos a vida parcialmente, interrompida e quebrada.

*A espiral da criação é cíclica, não há um ponto final, cria e descria matéria, porque é a pulsação ancestral do Universo, sempre a expandir e contrair.*

Basicamente, o ciclo fundamental de toda a realidade, segundo esta perspectiva, **é a transformação de vibração em matéria e a transformação da matéria em vibração.** Ou seja, nos ciclos cósmicos estamos sempre neste movimento de materializar, concretizar e voltar ao subtil. O Yin, a energia invisível, subtil, que não é possível quantificar, assim como o Yang é condensada, que representa a realidade da matéria. Todos estamos amplamente equipados para acedermos às várias fases, aos vários momentos desta Espiral da Criação, desta realidade de vários níveis de consciência, não pela mente, mas sensorialmente. Energeticamente, emocionalmente, sensorialmente, temos ferramentas que podemos não conseguir verbalizar ou concretizar. No entanto, todos temos estas sensações que algo está mal ou bem. Tudo isso vem através das ferramentas intrínsecas corpóreas, que ajudam a percepcionar outras camadas da espiral da criação da realidade, porque a **percepção sensorial reage directamente com a realidade vibracional,** ou seja, com o que ainda não é matéria, com o que ainda está em estado energético, subtil e invisivel.

# Sete Níveis

Há sete níveis de consciência que criam e descriam a realidade, constantemente. A primeira energia, 'pura', Yin, vibracional, a menos material, é muito rápida, é a energia da dimensão da consciência espiritual, da dimensão transcendente da realidade. Então, à medida que a espiral se vai concretizando, no sentido da expansão para a concretização da matéria do dentro, o passo final é matéria, é corpo, é espaço-tempo. A segunda camada é a ideológica, são crenças e ideologias culturais e históricas. De seguida a camada social, a camada mental, e à medida que avançamos para dentro da Espiral da Criação, estes níveis de consciência estão cada vez mais incorporados, cada vez mais lentos. A energia é cada vez mais vagarosa, com um movimento mais condensado, mais matéria e mais Yang. Posteriormente, a camada emocional, sensorial e finalmente a dimensão física. O físico seja de uma mesa ou de uma pessoa, é a dimensão última da condensação de energia, é a expressão última da energia Yang.

*Na cultura Ocidental, temos uma necessidade imensa do certo ou do errado e para isso tendemos a manter-nos na superfície, a esquecer, a pôr de lado a complexidade de toda a realidade.*

Esta criação da realidade cria e descria, assim como as crenças. A consciência cria matéria, porque literalmente a Espiral da Criação do Yin para o Yang e vice-versa, é isso que faz. **Temos sempre a hipótese de descriar e voltar ao subtil, para voltar a criar.** Não se enganem, pensamentos e crenças são quase matéria, ocupam espaço, e às vezes muito espaço. Nós, os viajantes neste território do sonho, levamos mochilas muito pesadas, carregadas com crenças. É um peso que nos limita os passos, confina a compreensão das coisas, cinge a visão do horizonte, comprime o sentir do enraizamento, da plenitude e da integração, porque o peso do que criamos é imenso e não conseguimos sustentar isso. **Numa metafísica cíclica, circular,**

**a evolução e a involução são muito reais.** Na cultura ocidental e linear isto não faz sentido — então não temos passado, presente e futuro e isto não progride linearmente numa direção? — Segundo esta visão linear da realidade, não há forma de voltar para trás, porque estamos dirigidos para a proa, apostados a ir para a frente, para melhor. **Numa metafísica circular, física e espiralítica estamos sempre neste processo cíclico de inspiração/ expiração.** O que torna a capacidade de recriar a vida algo mais concreto e muito mais real.

# O Ancestral símbolo Yin e Yang

A origem deste símbolo está associada a este movimento de involução, é o movimento Yang (ação do espírito para a matéria), de condensação, de abrandamento de energia. É um movimento semelhante ao que acontece com a água passando de vapor, para líquido e de líquido para gelo. **Este é o movimento do invisível para o visível, para aquilo que é manifestado, do espírito para o corpo.** Depois temos o movimento de evolução, o movimento de volta ao espírito. Na vida corpórea (e estamos todos ancorados num corpo), podemos fazer um caminho espiritual e sagrado, chegar ao divino, o que quer que isso queira dizer para cada um. Esse é o movimento imanente de evolução, quando se passa da matéria para o espírito, voltando a ter uma conexão directa ao Ki cósmico, sem nunca largar o corpo. O objectivo é manter o corpo saudável, equilibrado, para que esta relação seja de facto plena. Podemos fazer isto cada dia, temos fases de vida em que estamos mais matéria, densos, pesados, carregados, contraídos e temos fases em que estamos mais leves ou relaxados. Vibração vs contracção. **Nenhum é melhor que o outro, todos são e fazem parte da realidade, tudo é energia e energia é consciência, tudo está carregado de possibilidades e de informação.** O poder da involução não é mau e faz parte do pulsar da mutação original das coisas. Faz parte da capacidade de tornar as nossas abstracções em matéria, dar forma às ideias.

Para nos disponibilizarmos a este movimento de co-criação temos de abrir a percepção e transmutar crenças de hierarquia. Numa linearidade facilmente hierarquizamos e categorizamos, mas **numa dimensão cíclica há heterarquias, porque tudo é necessário para a composição total da complexidade da realidade.** É objectivo que tudo é subjetivo. Isto para a nossa mente ocidental quase "nos rebenta os neurónios." Yin ou Yang existem como uma dinâmica energética, como um movimento, um pulsar rítmico ancestral do Universo, como ocidentais queremos dividir em elementos e acabamos por descontextualizar e desintegrar, assumindo a fragmentação binária e esquecendo a complementaridade complexa das coisas.

## Três Corpos, Sete Selos

Também temos que observar o corpo, pois é a última expressão da materialidade. Porém não é só matéria pois, segundo várias sabedorias ancestrais como a chinesa, hindu ou tolteca, toda a matéria está infundida de energia e vibração. Temos três corpos, três centros corpóreos e energéticos. O corpo alinha-se em três dimensões, que partem da camada mais terrena, zona sagrada dos intestinos, orgãos sexuais e rins, e do osso da bacia — osso maravilhosamente construido para sermos bípedes e unirmos em reciprocidade a Terra e o Cosmos. — A bacia é um osso fundamental de enraizamento, o maior osso do corpo humano, que sustém os nossos órgãos internos, como o centro neural do intestino, que é o centro do instinto, tão importante manter purificado, alinhado, leve para que a nossa materialidade não nos pese, para que possamos estar enraizados sem peso. O segundo corpo, o segundo centro energético fala da inteligência do coração, da transição entre a densidade da matéria e a subtileza do espírito. No terceiro corpo, temos o cérebro, como centro neural e energético, sendo o corpo mais imaterial. Temos um eixo que nos é dado pela nossa coluna e alinha estes três corpos, o Axis Mundi, que coleta a tridimensionalidade corporal e alinha estas três dimensões de que somos compostos à terra e ao cosmos. É importante cuidarmos do intestino, do coração e do cérebro, para que o Axis Mundi se mantenha alinhado. Quando nos sentimos deslocados dizemos que estamos descentrados deste eixo essencial. **Este eixo é um espaço interno de conexão.** A chave de tudo isto é a conexão. Só conseguimos expandir a percepção tornando-nos íntimos com o território dos sonhos e da vida, da realidade e da consciência, se nos sentirmos conectados.

*A conexão é aquilo que precisamos para nos sentirmos sustentados ou amparados.*

Este eixo alinha também os sete selos ou chakras, ou sete centros energéticos, que são como tomadas de energia, dão e recebem. São manifestados como flores que se abrem ou fecham ao longo da vida, consoante a fase, o ciclo, o momento, o desafio, a potencialidade do território onde nos encontramos em cada momento. Estes selos falam-nos de dimensões de consciência, seja a consciência da segurança mais corpórea, vital à vida, para a posterior expansão à percepção de outras dimensões.

**Os sete selos (de baixo para cima), são:**
- PRIMEIRO SELO (O CHAKRA DA RAIZ), é o selo básico da vida que representa as necessidades de segurança e nutrição básica;

- SEGUNDO SELO (O CHAKRA SOCIAL) na zona dos órgãos sexuais e rins (útero, próstata e rins) representa a inserção num contexto de comunidade mais alargada, como seres sociais e comunitários. Actualmente há uma glorificação da individualidade e, na verdade, não somos nada uns sem os outros, toda a vida depende da comunidade. Reencontrarmos esta comunidade conscientemente plena é fundamental, porque de outra forma estamos sempre meio perdidos. É imprescindível sentirmo-nos validados, amparados, nutridos, acompanhados por esta dimensão social.

- TERCEIRO SELO (O CHAKRA DO PLEXUS SOLAR), é a zona onde há a pertença ou a ansiedade por não pertencer. Quando ansiosos, receosos ou com medo o estômago contrai-se. Só quando estas bases estão nutridas podemos avançar e expandir a nossa percepção sobre as coisas.

- QUARTO SELO (O CHAKRA DO CORACÃO), é a ponte de elevação para uma consciência una. Do coração para baixo é mais fácil viver em consciência binária, enquanto que do coração para cima há uma consciência não dual, que é expandida, que vê ou sente, ou vive e experiencia a realidade não como totalmente certa ou errada. Uma consciência não dual, não tem a ver com o uno, tem a ver com a maturação emocional, mental, energética da sustentação dos paradoxos sem cair para nenhum dos lados, sem um ser melhor ou pior, sem um estar certo ou errado.

- QUINTO SELO (O CHAKRA DA VERDADE), é onde está a tiróide. A experiência da eterna mudança do Yin e Yang. O selo da verdade faz-nos falar a verdade, é quando comunicamos em sinceridade, enraizada no génio pessoal, qualquer que seja o axioma que faz parte de nós, o que quer que isso queira dizer. O sistema hormonal é a base de todo o trabalho energético corpóreo.

- SEXTO SELO (O CHAKRA DA PINEAL), é o selo da visão que nos ajuda a ver as coisas tal como elas são, sem expectativas, sem ilusões ou julgamentos, sem manobrar porque é melhor ou pior, vejo o que é. A verdade é sempre multi vocal, é óptimo activar a glândula pineal para criar acesso a outras dimensões da realidade causal. Temos aqui notícias de multi-realidades complexas e completas. Expande a visão, não vendo apenas pela lente da cultura ou do umbigo.

- SÉTIMO SELO (O CHAKRA DO COSMOS), é o selo da pituitária. Os três selos superiores devem estar abertos para estarem alinhados. É como o Yin e Yang. **Se a transcendência vai para cima e encontra o divino na conexão com o Ki cósmico, a imanência vai para baixo e encontra o sagrado no corpo no aqui e agora.** Este equilíbrio entre estas duas forças no acesso ao divino é fundamental, porque de outra forma temos um mundo de possibilidades lá em cima, mas não conseguimos concretizar nada por não termos o nosso corpo-base activo, as camadas inferiores não trabalham no enraizamento fundamental para a concretização dos sonhos, das possibilidades, para a concretização da viagem de vida e da conversa. **O caminho para o sonho não é só para cima, é bidireccional,** podemos chegar à relação com o transcendente com o Ki cósmico, mas nunca perdendo a relação com o imanente ou o Ki da Terra, o Ki pessoal.

# TUDO é Consciência

**Quando falamos em energia, na verdade, falamos em consciência.** Toda a realidade, mesmo a corpórea, é feita de vibração condensada, e essa vibração é consciência plena de informação. Tudo é consciência. Quando de facto entendemos, de forma lógica e sentida, que tudo o que é energia é consciência, começamos a entender o poder de co-criação da realidade. O poder é os peregrinos da vida estarem a caminhar em consciência. Não tem nada que ver com controlo, poder é conseguir ouvir a realidade, só se consegue dialogar se se ouvir a potência de estar inteiramente onde estamos.

*O poder é ter a possibilidade de assumirmos inteiramente esse lugar. O poder é muito humilde.*

**Quando nos colocamos humildemente nesse território de vida,** finalmente baixamos todas as barreiras de construção, de percepções, de crenças e começamos a ouvir. E só aí se pode iniciar a conversa, só aí se começa a co-criação integrada com as ondas de energia que nos envolvem realmente, só aí se activa seguramente o génio pessoal, que diz que todos temos um serviço para o bem maior, à comunidade. Para isso há que reconhecer e validá-lo, e para tal temos de o ouvir. Quando em conexão é possível transitar entre camadas e dimensões, utilizando as ondas de consciência que nos rodeiam e alinhar-nos ao propósito e aos sonhos de vida.

# Crenças e Percepções

*Pontos de vista editados da Realidade*

Se tudo é consciência, se a matéria emana consciência, então todas as decisões são enformadas de consciência. A percepção é editada pela cultura, família e história pessoal. **Somos a massa dentro de uma forma de bolo.** A percepção pode ser definida como a forma como vemos, sentimos e pensamos sobre a realidade. **O mapa e o território são editados pela percepção.** Se a percepção nos diz que aquele caminho vai ser muito difícil, é muito provável que seja mesmo mais difícil. A percepção dá o tom à vida, pode ser bem colorido ou cinzento, monocromático ou arco-íris. A percepção pode ser mais ampla ou mais contida. Todos temos inevitavelmente áreas de conhecimento, de vida, mais e menos aprofundadas, porque somos compostos disto tudo. Há que encontrar as áreas mais inertes para as trazer de novo à vida.

*Vivemos sempre em contexto, então estas perceções vão criar crenças e as crenças são edições da realidade que assumimos como verdade inabalável.*

**As crenças falam da realidade que o cérebro permite.** Faz parte do sistema de crenças, perfeitamente intrincado e materializado, que não crescem asas nas costas humanas. No entanto, quando assumimos que tudo é consciência e energia, as crenças tornam-se sempre parciais, elas geram pontos de vista, e convicções que são as reações perante a realidade. É fundamental olharmos para as crenças quando assumimos a postura de co-criação integrada no território da vida. É importante olhar para esta edição da realidade que todos fazemos constantemente. **É importante re-aprender a navegar pelas incertezas, pelas não-definições, fronteiras, transições, porque é aqui que se encontra a riqueza de tudo.** Quando temos muitas certezas de tudo, dificilmente teremos espaço para mais, porque as coisas estão todas definidas. Por outro lado, temos o abismo da relativização de tudo, onde nunca sabemos nada de nada porque está tudo em constante relativização. A questão é encontramos o ponto óptimo. **Um dos trabalhos que podemos fazer ao longo da vida é o desaprender**, que acorda esta dimensão das crenças fluídas, evolutivas e involutivas, que deixam de ser um contentor estático e passam a ser um movimento. É importante o porquê das coisas, mas é preciso cuidado porque a **mente racional é completamente viciada em porquês.** Ela sente que precisa mesmo dos porquês todos respondidos. Contudo, os porquês não são tudo, até porque há porquês que são tão complexos que provavelmente nem chegamos lá.

*A proposta não é libertarmo-nos das nossas crenças, mas é ver a liberdade nas nossas crenças. O dizermos — Eu não tenho crenças nenhumas... — é também uma crença.*

**O convite é irmos com gentileza, com compaixão, honestidade e humildade relativizando a nossa percepção, as crenças, observando a realidade de outros pontos de vista.** Isto é tão simples como em casa, experimentar vivê-la de forma diferente, irmos para outros lugares, fazer coisas que geralmente não fazemos, usar uma varanda que nunca usamos, cozinharmos de modo diferente, entrarmos por portas diferentes, sentarmo-nos num local diferente do sofá. Quando temos esta definição fechada, hermética, as crenças além de ficarem pesadas na nossa mochila, o caminho fica, aparentemente definido e não saímos do carreiro. Só que na verdade, o território é selvagem e tem possibilidades em todos os cantos, basta ouvirmos, mas para nos disponibilizarmos a ouvir, temos que libertar peso, então seguimos como peregrino.

# Desaprender
*Uma tigela de fruta-sabedoria*

A cultura ocidental contemporânea ensina-nos que o conhecimento não ocupa lugar, que podemos armazenar no nosso cérebro milhares, ou mesmo milhões de dados, factos e acontecimentos difíceis sobre a realidade e a própria vida. Por isso, continuamos a procurar por ele, aprendendo, lendo e "melhorando". Mas, entramos em problemas quando chegamos ao limite da cultura, o significado dinâmico fundamental da realidade. Neste espaço limiar, estamos no limite do desconhecido, na fronteira da língua indecifrável. De tudo o que não sabemos, ou jamais saberemos, nem compreenderemos.

*Este espaço limiar não é uma área de armazenamento. É um fronteira de um fluxo vivo dinâmico de consciência.*

**Neste espaço-tempo profundo, temos de desaprender, de nos rendermos ao fluxo.** A cultura ocidental é uma construção de armazenamento, onde tudo precisa de ser guardado e assegurado, por medo do desconhecido, do mistério da vida. Por isso, não queremos deixar o conhecimento, quebrá-lo e abri-lo à transformação. **Sentimo-nos profundamente inseguros quanto a deixar ir**. Deixar de lado referências, margens, restrições, normas ou receitas comprovadas. Parece mais seguro ver a realidade através das nossas lentes culturais aceites, por isso **deixamos este óculo da modernidade moldar o que**

**é percebido,** dobrando o que é ao que é suposto ser. Adaptando-o ordenadamente às nossas necessidades individuais, cortando os seus maiores significados à nossa realidade unidimensional.

*Perdemos a ligação com o que é, na sua miríade de verdades e perspectivas. Tornamo-nos mais pequenos. Sozinhos. Insignificantes.*

E sentimos o encarceramento dentro de nós, sempre à procura de mais significado. Mas continuamos a seguir a mesma receita, os passos conhecidos e comprovados de armazenamento e confinamento das coisas para que possamos controlar-nos a nós próprios e à nossa realidade imediata.

*Estamos, desta forma, a trair o fluxo de sabedoria da vida pela ilusão de segurança.*

É como ter uma tigela de fruta que eventualmente não comemos, e ela apodrece. Mas fazemos tudo ao nosso alcance para a manter para sempre, não deixando a fruta-sabedoria seguir o seu ciclo natural de renovação, prendendo-nos a crenças que confundimos com conhecimento. Eventualmente, nunca procuramos nova fruta-sabedoria. Tenha em mente que o único fruto que dura para sempre é um fruto de plástico. O mesmo acontece com o conhecimento ou perspectivas fixas. **Uma realidade construída em torno de dogmas torna-se artificial e sem força de vida. Um sistema vazio, desprovido de significado sagrado ou emaranhamento. Não co-cria, pois apenas controla. Quando chegamos ao limite da cultura e das verdades aceites, passamos por uma densa membrana de consenso social, dogmas e crenças.** Por outro lado, há muitas línguas telúricas e cósmicas antigas, ligações e relações. Estranhas fronteiras de sabedoria – fronteiras que nem sequer acreditávamos que pudessem existir. Para abraçar o mistério deste fluxo de sabedoria altamente dinâmica, precisamos de desaprender. **Tornarmo-nos novamente**

**humildes, deixar tudo o que é esquecido, tudo o que parece impossível ou misterioso, tudo dentro para que se torne real na nossa experiência.** Forjamos novas relações a ritmos antigos. Encontramos novas possibilidades de ligações que abrangem o que é – cada momento, apenas estar presente no contexto multicamada das coisas. Aprendemos estando presentes. A rendição a um estado de humildade é vital para deixar tudo fluir, deixando de lado a mente hierárquica. **A sabedoria está à nossa volta, pulsando vibrantemente dentro de todos os sistemas vivos.** Sentimo-la nos nossos corpos, tornando-se recipientes através dos quais toda esta rica consciência pode fluir, deixando-nos acordados como nunca antes. Mais vivos e participativos na realidade das coisas.

*O que é que quer desaprender hoje?*

## Diferentes contextos

*O mesmo padrão*

Muitos de nós quando optamos por ir estudar áreas de conhecimento um pouco diferentes do dia-a-dia que se diz normal, é porque já nos encontrámos numa rotina vazia, tóxica, onde cada dia nos seus afazeres, responsabilidades e concretizações, é vazio. Estamos na vida desconectados, afogamo-nos lentamente nestes padrões densos, repetitivos da rotina normal. No final do dia, com que ficamos? Há quem diga que sente que não está a viver a sua vida. Na verdade, estamos vivos, mas adormecidos, podemos mesmo ficar, no limite, vazios de sonhos. E se o sonho é a vida, perdemos a vida.

*E a Vida, e o Tempo são aquilo que temos de mais importante.*

Na cultura do entretenimento actual temos uma série de distrações, vícios e adições que nos ajudam a fugir do significado das coisas, porque nos dispersam mantendo-nos entretidos. Quando levado ao extremo, passamos a vida a fugir de nós próprios, **a desertar do nosso território imanente. Exilamo-nos e ficamos surdos de possibilidades.** E depois dizemos: não sei quais são os meus sonhos. Não sei qual é o meu génio pessoal. Não tenho dons especiais — porque estamos adormecidos. Na sociedade moderna há muita dificuldade em fechar ciclos, pois é baseada numa cultura que não nos prepara para as transições trágicas, para as crises da vida. É uma cultura que espera que estejamos sempre bem, sempre produtivos e activos e, se tal não acontecer, a patologia é nossa, inteiramente à responsabilidade individual. A grande questão aqui, é novamente a linearidade de pensamento. Quando entramos numa dimensão cíclica, o fecho de crises, o fecho das dificuldades, o terminar de ciclos, estes movimentos de morte e renascimento são essenciais para a continuidade da vida. **No entanto, como vivemos numa ilusão de linearidade,** vivemos cá em cima sempre ou com essa expectativa, porque isso não é real para ninguém. Além do medo tremendo da morte, a cultura moderna diz que o que é mau não vemos, não existe, e se algo está mal é um problema seu e tem de ser medicado. **Nenhum de nós tem ferramentas comunitárias de transição de ciclos, o que é, na verdade, bastante trágico, porque não permite o movimento de co-criação natural com as coisas.**

*Nesta linearidade causal esperamos que o futuro se crie sozinho, porque vivo a vida com tudo o que tenho para fazer, mas como não estou totalmente aqui, consciente, responsável, activo, espero que as coisas aconteçam sozinhas, e às vezes acontecem, para o bem e para o mal.*

Não assumo a responsabilidade pelos meus próprios processos e não tenho ferramentas de transição. Enquanto cultura, assumimos ser bom estar neste processo de ascensão, estar produtivo. Assim que chegarmos ao auge da ascensão, da produtividade, inevitavelmente tem de se descer, e esse processo de descida é tudo aquilo que a sociedade tem medo, que quer esquecer e evitar. Mas esse processo de descida é o que faz a transição, transição dura da vida. Ancestralmente vivíamos dentro da paisagem e dos lugares e, na verdade, cada paisagem que os humanos percorriam tinha uma dimensão simbólica, uma história, uma personalidade, um génio, uma vibração. Uma das paisagens essenciais a estes processos de decadência e maturação são os pântanos. **Desde os anos 70 até agora desapareceram cerca de 60% dos pântanos na Terra.** Os pântanos são paisagens de transição, lugares onde ancestralmente esse eco da destruição, da decadência necessária para voltarmos a renascer, eram aí identificados simbolicamente.

*Desde que passámos a secar os pântanos para construir perdemos a chave simbólica desse movimento. Os pântanos falam-nos de morte e nas culturas cíclicas a morte e a vida estão sempre integradas.*

Para avançarmos nesta viagem, nesta peregrinação, no sonho da vida, não podemos ter medo de assumir os momentos de transição. **O medo e a vergonha são as emoções mais pesadas que podemos ter, mais densas e duras.** Nós humanos, à partida, se pudermos evitar ir a um pântano, com todo o mau cheiro, os parasitas, com toda a dificuldade em andar, não vamos. Contudo, o que acontece é que todos temos fases pantanosas na vida, então é importante assumirmos a passagem por esses territórios.

PARTE 2

# Confronto com a Realidade

## O Medo faz parte de nós

É fundamental a integração do medo, pois quando falamos de sonho, o que nos faz não perseguir, concretizar, ou sequer não abrir a porta aos sonhos, é o medo. **Numa cultura que não vive a morte, o medo é uma sombra gigante.** Muitos de nós podemos ter a crença de que se não tivéssemos medo ia ser tudo muito melhor. E há muitas formas de medo: de expressão, económico, familiares, corporais, de não ser aceite.

O medo faz sempre parte de nós, enquanto está na sombra comanda, e quanto mais escondido o vivermos, por não o querermos enfrentar, mais forte ele se torna. **O medo somos nós** e o essencial neste processo de tomada de consciência, de expansão e de caminho que o medo precisa de ser redescoberto com compaixão, discernimento e coragem. O medo é a antítese da alegria e às vezes com as agruras da vida, o que era antes a alegria, passa a ser medo. Porém, a alegria é leve, dá-nos motivação, movimento, dinamiza e activa, enquanto que o medo pode puxar, adensar ou prender. **O desafio é dar colo ao medo**, numa sociedade que não sabe viver crises, numa comunidade que não nos ensina como passarmos as inevitáveis tragédias da nossa vida. Onde os vícios e distrações servem para reprimirmos o medo, sendo estratégias de compensação, tornamos o medo uma sombra gigante, e é aí que ele nos controla, onde não assumimos os passos ou as direcções, onde não vestimos os nossos valores por... medo.

# Emoções destrutivas

*Vergonha, Culpa ou Raiva*

Associadas a esta dimensão gravítica e densa do medo, surgem também uma série de emoções destrutivas, como a vergonha, a ansiedade e a raiva. São emoções de baixa frequência, muito densas, que gravitam e se puxam umas às outras. Podem controlar a visão e percepção da realidade. Como seres cíclicos, de forma saudável, activa e dinâmica passamos por fases de expansão e por fases de contracção, passamos por períodos de expressão e materialização, de concretização, e por momentos de densidade, crise e dúvidas.**Isto é saudável, não é um problema, isto é assumir todas as nossas cambiantes.** A questão é que, se julgamos que temos que estar só cá em cima, vamos negar tudo o que está em baixo, e se negamos o que está em baixo, estas dimensões invisíveis, mas bem reais, que sentimos, vão começar a toldar a visão em consciência da realidade.

*Estas emoções destrutivas tiram-nos do centro, consomem-nos e retiram-nos energia.*

Quando estas emoções estão activas sentimo-nos perdidos e sem rumo, no limite podemos congelar e não damos nem mais um passo no território, o mapa fica negro, destruído, queimado. **Estas comoções baixam os nossos níveis de serotonina e aumentam o cortisol e ficamos todos mais tensos.** Referi anteriormente que não sou nada apologista do discurso hiper-positivista, porque se não assumimos estas emoções em nós, perdemos uma boa parte de quem somos. **Não perdemos nunca a parte negativa, mas transgridamo-la com a positiva.** Yin e Yang sempre, não de uma forma separadamente binária, mas dualmente integrada.

*Na verdade, o fogo sagrado do medo é algo que nos queima, mas é uma oportunidade incrível de transformação.*

Ter a presença de nos sentarmos com o fogo do medo não é fácil, mas também não é fácil passar uma vida inteira a evitá-lo e a fugir dele, porque essencialmente fugimos de nós próprios. Assumir por inteiro a dimensão transformadora deste fogo do medo é uma forma de assumir as dimensões da sombra, de vestir aquilo que acreditamos serem as fragilidades e de finalmente aceder ao poder de vulnerabilidade, que é permeável, que ouve. **Enquanto estivermos toldados pelo medo, não ouvimos, não estamos em diálogo, estamos à procura de certezas onde nos agarrarmos para conseguirmos continuar e o medo é a nossa maior certeza.**

Quando temos a possibilidade de relaxar as energias contraídas que fazem parte de nós, em várias áreas e em várias dimensões da vida, inevitavelmente tocamos em histórias escondidas, mas permitimos que o que é verdadeiro venha à superfície, permitindo-nos contactar com a verdadeira potencialidade. Como refere Shakti Caterina Maggi, a fórmula para nos sentarmos com o medo, é não trazer condições, nem julgamentos, nem previsões, nem expectativa. O fogo sagrado do medo só quer ser assumido para que a transformação ocorra. Sentarmo-nos com o medo, com um contrato de coisas por cumprir não vai ter um bom resultado. Estes são processos do corpo central, do coração, não da mente. A mente vai querer sempre evitar, distrair-se, sempre matutar e protelar, porque julga que vai ser muito difícil, e, na verdade, é mais fácil do que parece, porque as emoções negativas por terem esta força gravítica, condensam imensa energia de potencialidade e muito valor.

# Crises, tragédias e catástrofes

*A vida mostra o que está vivo em nós*

Através destas crises internas e externas (as crises podem ser despoletadas de dentro para fora, ou de fora para dentro) estas tragédias e catástrofes, o que sentimos quando o que era certo de repente desaparece debaixo dos pés, quando as estruturas de segurança de repente já não fazem sentido — já não me encaixo aqui, deixou de ter significado para mim. — Estes golpes são visitas do Génio Pessoal, estas crises são visitas que permitem, com medo e ansiedade, sair da rotina, pois é quando a vida mostra o que está vivo em nós.

*Os limiares são valiosos, estes lugares de transição são fundamentais para continuarmos renovados e alinhados, pois é através das crises que redescobrimos o que apoia, nutre e alimenta, cada vez mais em verdade com o Génio que viaja connosco.*

**Todas as grandes sabedorias ancestrais do Mundo dizem: as crises são oportunidades.** O verdadeiro significado de Apocalipse, é levantar o véu para ver a verdade. Tanto crise como apocalipse são palavras muito pesadas nesta cultura, mas falam sempre de um portal para um novo ciclo, deste movimento de fronteiras, e as fronteiras são sempre desafiantes, **porque as margens nunca se conseguem definir**. Não estamos de um lado ou do outro, e é **a indefinição que nos gera medo, é a indefinição que nos corrói**. Porém, se tivermos ferramentas para assumirmos estes lugares de transição podemos observar, ser meros observadores, não estando à espera de nada. Por vezes as crises são tão profundas, que deixamos de gostar da própria companhia. Este é um enorme chamamento, é uma iniciação, não um fim ou um sintoma que precise de ser medicado ou adormecido.

*São chamamentos da verdade da alma, do ser, são chamamentos do propósito, são convocações de caminharmos em confiança e consciência o território e a vida.*

## Três Ferramentas de Sabedoria
### Discernimento, Compaixão & Coragem

Como podemos trabalhar isto? O legado mais mental diz-nos — isso é tudo muito bonito, mas muito difícil. — No entanto, há ferramentas, não métodos, mas conceitos.

Temos o DISCERNIMENTO PROFUNDO, quando conectamos inteiramente e plenamente com a geografia do corpo, com a profundidade do discernimento e clareza, e todos o temos. Por muito toldados, baralhados ou dispersos que estejamos. O DISCERNIMENTO PROFUNDO é a honestidade interna a falar, só com esta honestidade é que percebemos quantas futilidades temos na vida, todos os vícios, as distrações que nos descentram, que nos dissociam do propósito. Assumir que sim, reivindicar que há um espaço na vida que poderia ser preenchido por algo mais significativo, que acorda e que concretiza a alma e o propósito, mas possivelmente ainda não encontramos esse espaço total.

Por outro lado, este DISCERNIMENTO PROFUNDO e clareza, ajuda também a encontrar o que está a mais. Quando sei o que está a mais, o que é extra e não serve, também percebo automaticamente o que é essencial, o que preciso. O que faz parte do sistema de nutrição. Este discernimento não vem da mente, é um discernimento inteiro e vem muito do coração, da alma (a alma está alojada no coração). **É um entendimento do que é verdadeiro em mim e não da personagem que demonstro ou que espero ser ou que eu julgo que os outros esperam de mim.** É um juízo que me permite contactar com a minha verdade e essa verdade é novamente multi-vocal, nunca falo de uno, estou sempre a falar de complexidade paradoxal e diversidade.

Todos precisamos de desenvolver uma COMPAIXÃO RADICAL (radical vem de radículo e raiz, das origens entrelaçadas com o cosmos), pelos defeitos - nossos e dos outros-, uma compaixão desde as raízes (radical), **um enternecimento pelas nossas misérias, pelas fragilidades, medos e vergonhas.**

*Só com a compaixão e não julgamento pessoal, é que podemos sentar-nos com o fogo sagrado do medo sem nos queimarmos.*

Se tudo aquilo que pensamos não está como deveria, não é como deveria ser — porque poderia ser outra coisa, poderia ser melhor — então não assumimos o meu verdadeiro lugar, não encontramos a singularidade. Por outro lado, quando assumimos, ou quando tomamos contacto, activamos esse discernimento profundo, encontramos a(s) verdade(s), a compaixão e tomamos contacto com a coragem para atravessar o medo. **Porque o medo é sempre atravessável. A coragem emerge do medo, de quando a vida nos encurrala, nos deixa em becos sem saída.** A palavra coragem significa literalmente ter coração.

Na verdade, estas são as três ferramentas de sabedoria intrínseca a cada um de nós, que podemos usar para atravessarmos o medo, para acedermos ao sonho, para nos inteirarmos e para nos **integrarmos** com a vida, com o território, e a dimensão do propósito: discernimento profundo, compaixão e coragem. Claro que existe uma dimensão e uma disciplina para que estes conceitos se concretizem em nós, mas, na verdade, **o que precisamos mesmo é de gentileza, acordar a gentileza imanente em nós próprios.** A sabedoria do coração é ela própria gentil e nada melhor do que a gentileza para atravessar o medo.

# Coração

*Essência não-dual*

O coração é o portal para a dimensão não dual, traz a dimensão do todo. Desde a sabedoria do coração podemos chegar ao discernimento profundo, à compaixão por mim próprio e por consequência a tudo o que me rodeia, assim como à coragem. **A coragem é mesmo isto, ter coração, ter paixão, ter vitalidade e tudo isso é possível a cada batimento do nosso coração.**

*O coração é uma das obras-primas da Criação, é um gerador de vibrações e harmonias, um instrumento de energias subtis, que na cultura em que nos encontramos não sabemos apreciar.*

'Himma' é o termo sufi que é usado para descrever o **poder criativo e imaginativo do coração**, que define a qualidade imanente em nós, de conhecermos intuitivamente e espontaneamente algo, que passa por cima da compreensão racional. A sabedoria imanente do coração. A alma é a guardiã das memórias, por aqui nas pulsações vitais. **É através do coração que a alma toma contacto com a realidade.** É através desta dimensão de 'Himma' que temos a possibilidade de entendermos profundamente as coisas, mas que não é um entendimento racional, mas do ser total, porque é a partir da sabedoria do coração que podemos ler os sinais, os símbolos, o que está escondido, o que não está visível, o que sentimos e o que intuímos. Aqui encontra-se o portal para a dimensão não visível de todas as coisas, fala da dimensão intuitiva.

*Caminham com coração na vida? O vosso coração está presente no vosso dia a dia? Ou se não, onde é que ele está?*

*O coração tem muitos neurónios tal como o intestino. Está provado que o fluxo de informação do coração para o cérebro é muito maior do que do cérebro para o coração.*

**O centro da experiência recíproca da realidade em conexão está no coração, não no cérebro.** Importante este acordar consciente e presente em presença do coração, para nos mantermos em alinhamento do Axis Mundi. Com isto, temos dois conceitos: **gratidão** e **reciprocidade**. O coração é o órgão da reciprocidade, não é por acaso que os abraços conectam corações, é também o órgão das relações e dos abraços. Abrirmo-nos à reciprocidade, e a reciprocidade é uma conversa, um diálogo, ouvir e expressar, vem do coração. A gratidão fala dessa presença integral do coração, essa presença de Amor, o nosso território fica muito mais fácil de caminhar em Amor.

---

### + EXERCÍCIO +

*Aceder ao amor interno*

Pés no chão, sem pernas cruzadas, costas direitas, mão no coração, olhos podem estar abertos ou fechados.

Colocamo-nos confortáveis no nosso corpo e lentamente trazemos a atenção à respiração, sem pressa, observamos o quão superficial

pode estar a respiração e tornamo-la mais lenta e profunda.
Levamos a consciência ao ritmo da pulsação do coração.
Com a mão que lhe toca admitimos sentir o seu calor, a sua
presença viva, o seu impulso antigo.

A cada inspiração cada vez mais profunda e a cada expiração
cada vez mais lenta permitimos ganhar espaço de conexão com a
energia do coração, viajar ao centro deste lugar.

Concedemos a aquietar as culpas, a vergonha, a ansiedade, a raiva,
o medo. Sem pressa, sem tensão, sem expectativa, é um convite ao
envolvimento pela energia do coração, pelo seu amor verdadeiro.

Da vibração do coração, a cada batida, a cada pulsação, emana
um amor vivo não condicional, que existe sempre para cada um
de nós, sempre presente e activo. Este é um convite a manter a
inocência deste amor, a mergulhar, a nos envolver, a conhecer a
profundidade deste amor, a concedermos confiança na eternidade
deste carinho, na sua presença integral, no seu infinito.

Tomamos uns momentos e envolvemo-nos nestas pulsações,
neste brilho eterno, podemos nadar neste amor, nas suas águas
cálidas, eternas, podemos bebê-lo, que ele nos nutra de dentro
para fora. Envolvemos todas as células do corpo com este amor,
eternamente presente, eternamente activo, plenamente integrado
no ser sem condições.
Não tem de ser melhor, pior, não tem de responder a expectativas
para ser merecedor deste amor, tomamos uns momentos para
agradecer a esta presença.

Esta presença gentil, suave, mas intensa também, esta presença
que - pela sua gentileza - nos faz render ao aqui e ao agora.
Quando preparado, agradecendo, podemos voltar ao espaço do
agora.

119

# Alma e Espírito

A diferença entre alma e espírito é a mesma diferença que existe entre ki pessoal e ki cósmico. A energia da alma que nos habita é a energia da singularidade, é aqui que habitam os dons e talentos naturais, é aqui que nós co-criamos o mundo. Quando mantemos a respiração muito superficial, os batimentos cardíacos muito acelerados, estamos em desconexão com esta singularidade, o que torna tudo muito mais difícil e mais denso.

É comum termos a sensação de que temos de fazer coisas para receber coisas. Tenho que dar amor para receber amor. Isto é uma visão humana densa. Muitas vezes sentimos que damos amor, damos de nós, damos o tempo, a atenção, a disponibilidade e não recebemos nada em troca e a outra pessoa ou a comunidade não reconhece esse investimento. **Então estamos sempre a justificar de alguma forma que o amor é de facto condicional.**

O amor é a consciência total, presente, em presença é amorosa, inevitavelmente, quando está em fluxo. E não vivemos num mundo perfeito, e é muito importante nesta dimensão em que nos encontramos, acedermos cada vez mais também ao amor interno. Não do ponto de vista egoístico ou narcísico - ah! gosto mesmo de mim — que é importante gostarmos de nós, mas este gostar nunca é um gostar em hierarquia, ou gosto mais de mim do que todos os outros. Porque quando acedemos ao amor interno acedemos à dimensão universal do amor.

Para as mentes mais racionais este conceito do amor é muito romântico, quanto mais desconectados estamos, mais sentimos esta palavra, esta definição, este conceito de amor como algo não real. Mas à medida que nos vamos aquietando, à medida que nos permitimos realmente estar onde estamos, sem julgamentos, sem expectativas, temos de novo a possibilidade de voltar aqui a este sítio. E termos estas ferramentas ou sabermos que é possível, é importante porque nos ajuda a encontrar ilhas de conexão, ilhas de paz no meio do tumulto da vida, com todas as decisões, com todas as responsabilidades, com tudo o que acontece nesta dinâmica de vida.

Sempre que sentirmos que estamos a pré-ocuparnos, ocupamo-nos com o coração. As pré-ocupações são muito densas e podemos estar cheias delas, então voltarmos a este encontro é mesmo importante. Esta descoberta de que o amor não é condicional, abriu-me para uma nova consciência do que isto tudo significa

*Se ainda vemos o amor como condicional, é porque ainda não estamos completamente conectados, a nós, à terra, ao cosmos, ao tal Axis Mundi.*

# Três Camadas da Mente

O amor é energia vital profunda do coração e, se **o coração é o lugar da alma**, é através dele que manifesto a singularidade no mundo e o serviço à humanidade através dos dons e talentos naturais. Quanto mais perto estiver da energia natural do coração, mais presente está a alma nas coisas que me proponho a fazer, na materialidade da vida, nas responsabilidades que acarreto. Onde, como e em que pressuposto é que ajo. Agir é co-criar e não é reagir. Assim elegemos este lugar do coração enquanto lugar do nosso propósito individual que é o ki pessoal.

Quanto ao cérebro, é uma máquina biológica absolutamente fantástica e novamente ancestral. Segundo a metafísica chinesa, temos dois hemisférios que nos falam do Yin (intuitivo, imaginativo, onírico) e do Yang (expressão, razão). Estes dois hemisférios trabalham em três camadas diferentes, e novamente no pluriverso dual e tridimensional temos o consciente, o subconsciente e o inconsciente. Estas três camadas permitem também observar e ser o mundo. A qualidade de nos tornarmos observadores das coisas, não quer dizer que estou destacado e longe das coisas, não, estou aqui, mas tenho a oportunidade de observar sem dissociar. A observação é fundamental para chegarmos ao coração, porque ao estar sempre em julgamento, a querer concluir, a precisar de categorizar, hierarquizar (e todos fazemos isso de modo quase instantâneo) pois são faculdades fundamentais que nos ajudaram a evoluir enquanto seres, dando-nos a capacidade de reação rápida ao meio ambiente.

Contudo, quando estamos permanentemente neste registo, ficamos inundados de cortisol e num estado de julgamento constante (é mau/ é bom, é superior/ é inferior) e quando julgamos, a objectividade está apenas na mente, a ligação ao coração é cortada. É aí que começamos a perder a conexão, porque o excesso de julgamento nunca vai só para fora, começa dentro. **Então é muito fácil quando ficamos viciados neste registo sem ter ferramentas para sair dele, é muito fácil encontrarmos sempre auto-julgamento que bloqueia a expressão da alma e do coração.**

É importante termos alguma capacidade de relativizar o julgamento. Todo o entretenimento, o desafio de estarmos rodeados de entretenimento vazio para nos ajudar a ter mais tempo, mas que nos afastam da alma. O entretenimento enquanto vício, o humor, a capacidade de nos rirmos de nós próprios, é fundamental. E assim deve permear tudo e relativizar os julgamentos de nós mesmos.

O consciente a que me refiro agora não é a energia terrena-cósmica, mas o da razão, da mente racional. O consciente é aquilo a que chamamos também de Ego, que pode ser visto de vários pontos de vista. O ego é o Eu do dia-a-dia, que nos ajuda a ir às Finanças, a pensar como pagamos a conta da água, é o que dá o plano, a organização para conseguirmos gerir o que está lá fora. É muito útil, pois este Ego funcional ajuda-me a funcionar em sociedade. Esta mente racional é fantástica, sendo a que detém a chave de separar para entender, como agir, o que fazer, a chave da compreensão do mundo. O que acontece, é que é uma camada muito superficial, é uma camada que fala literalmente da acção e relação causal com o mundo. O grande erro e sombra da Cultura Ocidental é confundir esta razão, esta mente, com quem somos. Este é o grande desafio que temos, voltarmos a entender-nos profundamente, porque esta camada é funcional e não relacional. Decide o que serve e não serve, e o que não serve vai para o inconsciente.

A "mente mente" justifica tudo o que quiser, e tende a calar as profundezas. No limite podemos ser brilhantes cognitivamente a partir do neocórtex, mas deixamos de seguir, de ouvir, de saber que existe uma voz interna, um GPS que nos guia, que é a voz do coração. No Ocidente vivemos num modo excessivamente racional, havendo expressões que nos indicam que, ao sairmos deste registo, já não somos aceites — já não somos racionais — estamos fora da razão.

*Porque a lógica é o único sistema que a mente entende, contudo, a lógica é um sistema construído pela própria mente.*

As pessoas mais racionais tendem a ser infelizes, porque se sentem desconectadas e separadas de tudo e de todos, porque não há relação, não sabem sequer como. **Porque somos seres sistémicos e relacionais sempre,**se vivermos de forma parcial e fragmentada, ficamos aquém de quem podemos ser. Quem podemos ser é sermos humanos integrais e não temos de ganhar prémios por isso, é a nossa Natureza. A mente racional é equivalente a um grão de areia de quem somos.

Por outro lado, o cérebro acompanha toda a evolução da espécie, o sistema límbico, reptiliano, e por isso temos memórias antiquíssimas, temos toda a evolução do ramo de vida em nós, no corpo, e está presente no inconsciente. A relação com o espírito, com o ki cósmico que nos anima, une e conecta a todos. O espírito está no sistema límbico, a conexão **não** é feita pelo neocórtex, mas pela ancestralidade. Quando usamos excessivamente a mente pela capacidade de planear, podemos ficar cada vez mais longe dos propósitos. A sensação de vazio, pode vir do excesso de racionalidade, porque se nos ligarmos ao coração nunca estamos vazios. É importante que tenhamos a **coragem** e a **dignidade** de seguir a voz do coração, mesmo que se meta no caminho do que a mente quer ou julga que quer. Temos este lado de relação com o exterior superficial, que é fantástico e que não é descartável. Estou sempre a falar de integração, alinhamento, abertura, não do que é melhor ou pior, mas sim de pôr as coisas todas no seu lugar **para que tudo tenha uma voz**, isso é que é alinhamento.

O inconsciente é o repositório de tudo o que existe. Todo o corpo, toda a energia, está plenamente presente mesmo que não tenhamos consciência disso. Isso quer dizer que estamos sempre a receber toneladas de informação. Contudo, não conseguimos processar tudo isso de uma forma consciente, pelo que tem que haver uma escolha (Jung definiu o inconsciente como a Sombra).

Na sociedade mono causal, linear, que se limita pelo dom da luz, que tem muitas dificuldades em trabalhar nas transições, nas crises, que não sabe lidar com a morte porque não tem ferramentas para tal, nega por completo a Sombra, que é sempre má nesta visão.

*Numa visão integral, nem a sombra, nem a luz são más ou boas, são apenas fases ou momentos.*

Todas as memórias, boas e más, quer me lembre delas ou não, estão no inconsciente, e ele habita diretamente no corpo, nos ossos, nos músculos, nos órgãos, cada célula do corpo contém pedaços de memória, de cada lugar. **O inconsciente não é nada metafísico, é muito físico**, segundo a Ecopsicologia o inconsciente está permeado da energia mais selvagem da natureza, do estar integralmente na Natureza, porque é de lá que vimos. Numa sociedade que tende a fragmentar, a dissociar, em que tudo o que é válido tem que ser no cérebro, quando atendemos de facto a esta integridade acedemos a esta dimensão rica, valiosa que é o inconsciente como fonte de conexão ao corpo, aos instintos, ao saber. É através do saber que me ligo ao coração.

A camada intermédia é o subconsciente, que é de filtragem, que nos ajuda a manter a mente racional em conexão, em relatividade ao resto da sabedoria integral. O subconsciente é uma rede que filtra a quantidade de informação. Ajuda a que a sabedoria do coração se manifeste, a sabedoria instantânea e intuitiva. A imaginação funciona também ao nível do subconsciente, porque vai sempre buscar imagens do que pode ao **inconsciente, a esta dimensão da sabedoria interna, sistémica e relacional**. Este binómio, intuição-imaginação é o que caracteriza esta rede do subconsciente.

Há pessoas que acreditam que não têm intuição, porque a rede está demasiado fechada ou, se está demasiado aberta, pode não haver filtragem e vivemos num mundo em que nos perdemos e dispersamos. Com a rede de filtragem de largura óptima temos a capacidade de gerir a razão mas, ainda assim, receber conexão e trabalhar ao nível da intuição, corpo e instintos, sem renegar a sombra ou hierarquizar cada uma destas camadas e sem hierarquizar o lado esquerdo racional do lado direito artístico do cérebro, integrando.

**Para que cada um de nós se torne cada vez mais inteiro, a manifestação do sonho da vida não passa só pela razão, a razão é quem executa o sonho, mas não é quem o cria.** Temos, pois, que aceder a ele primeiro, temos que o co-criar no território, com o coração, temos que ouvi-lo através da intuição, temos que o sentir por instinto no corpo e depois a mente executa-o. A mente racional é fantástica para criar planos e executá-los nestas dimensões tão maiores do que nós. Realizar o sonho, quando atingimos a dimensão do sonho da nossa vida, não somos egoístas ou individualistas, pois a visão de cada um de nós pertence a todos e quando estamos integrados e alinhados é sempre um serviço à comunidade e é sempre algo maior do que nós, somos simplesmente manifestadores dessa parte. A intuição são 'cacos de sabedoria' que vêm do inconsciente. O inconsciente habita no corpo assim como o coração. **Temos uma síntese de todas as pulsações antigas que tudo sabem, o saber sem saber, a intuição pode ser definida como ver o padrão total numa visão parcial: de repente, compreendo algo sem saber como.** Einstein passou anos a sistematizar racionalmente aquilo que intuiu. O padrão nunca pode ser dado pela mente racional, ela não padroniza, ela separa.

*O padrão vem sempre do inconsciente e o coração faz parte do inconsciente. O inconsciente não é definível, e compreendemos melhor essa vibração se voltarmos ao coração.*

É importante compreender a diferença essencial entre labirinto e dédalo, uma palavra que existe no nosso léxico, mas que foi esquecida culturalmente. Na lógica hiper-racional desconectada, facilmente entramos num labirinto e perdemos o rumo, o destino, o GPS, e podemos encontrar-nos num beco sem saída. Mas, na verdade, um labirinto não tem becos sem saída, os dédalos sim. Dédalo é o nome do arquitecto que construiu o Labirinto para o Minotauro, para conter a sua energia selvagem (o inconsciente é selvagem). O labirinto enquanto peregrinação ao centro existe desde o paleolítico, quando começamos a gravar em pedra os símbolos da materialidade da consciência. Pesquise e consulte o labirinto da Catedral de Chartres, que está no chão. Num labirinto nunca nos perdemos. O labirinto é uma peregrinação ao centro e conseguirmos voltar inteiros.

*Num labirinto não existem becos, não existem caminhos dúbios, existe uma viagem à integração.*

A viagem do labirinto é uma viagem de nos centrarmos e de nos conectarmos, **é a jornada do coração e do inconsciente**. A mente é onde temos o dédalo e pensa que só ela sabe o caminho. Sem o GPS, as conexões, intuições e sem este conhecimento inclusivo que todos temos, não há hipótese.

# Cérebro e Coração

Estamos em ligação recíproca, quando nos permitimos ter a ligação do cérebro ao coração com a zona sagrada de baixo (intestinos, rins, órgãos sexuais) em equilíbrio. Porém, quando temos a ligação destes dois elementos de discernimento da realidade activos e conectados, a vibração pessoal não se mantém na fronteira do corpo, irradia. E todos temos este campo que dialoga com o contexto. Não é por acaso que temos as ferramentas, a capacidade de ler os outros através da energia que emanam. Quanto mais conectados estivermos, mais gentil é a nossa força e mais alinhada fica com a da Terra. É sempre esse o objectivo.

# Coerência e Ressonância

O Heart Math Institute, faz um estudo científico de leitura e de interpretação destas vibrações emanadas pelo coração e pelo cérebro, descrevendo esta dança sistémica entre a conexão e o ambiente. A energia geomagnética da Terra está alinhada com a vibração humana e se estivermos em alinhamento mantemos fluídas aquelas emoções mais densas, mais destrutivas que nos desconectam. **Temos a coerência e a ressonância.** A **ressonância** fala do reforço ou prolongamento de uma vibração por reflexão que se vai sincronizar com um objecto vizinho e passamos a vibrar em ressonância, **com o mesmo ritmo. A mesma pulsação e frequência.** A ressonância tem três tempos, entre coração, cérebro e Terra. A

**coerência**, por outro lado, ajuda na relativização do neocórtex, na sua abertura a outras formas de sentir, abrindo espaço para a energia do coração, para que se expresse, para que seja ouvida, tida em conta, para que seja validada pela mente. A coerência é assim uma coerência de ressonâncias, fala do estado em que o coração, a mente e as emoções estão em alinhamento, em cooperação energética, o que gera trocas recíprocas e altamente sincronizadas entre nós e o contexto.

*Todos já estivemos neste estado de coerência nalgum momento da nossa vida (nem que tenha sido quando crianças), já sentimos este poder de trocas recíprocas e sincronizadas.*

O estado de coerência é o nosso estado óptimo, é uma condição de ser. A coerência não se tem. A coerência é um sentido natural, de compaixão por nós próprios e, consequentemente, pelo mundo. Um estado amoroso que facilita tudo, todas as interacções e relações, aliviando a tensão de todos os sistemas internos, relativizando as crenças mais densas, ajudando a tirar a intensidade das emoções negativas (o objectivo não é eliminar as emoções negativas, porque como seres cíclicos, todos temos inevitavelmente emoções negativas). O retirar da intensidade ajuda a atravessar o fogo sagrado do medo. **Este estado de coerência e alinhamento ajuda também a fortalecer o sistema imunitário, porque repara e integra dissociações, fragmentações, faz-nos sentir mais unos, plenos e significativos.** Na verdade, o estado de coerência é tão simples: em momentos de maior ansiedade, intensidade, voltamos ao coração e ouvimos, aquietando a mente. É só isto. E é de tal forma simples, que a mente descarta essa possibilidade, porque a mente adora coisas mais complexas para validar. Esta prática consciente ou mais ou menos disciplinada todos os dias, todas as manhãs, voltarmos ao coração. À medida que nos tornamos uma civilização verbal e escrita perdemos a oralidade. Sem dúvida que a escrita de comunicação nos ajuda a perseguir abstracções e a compreendê-las, mas retirou-nos uma coisa: **a sabedoria e a memória do corpo. Não há registos na oralidade**. É que a memória não é centrada no cérebro, é centrada no corpo todo (por exemplo, a memória muscular ao andar de bicicleta, passados 20 anos continuamos a saber andar mesmo que a mente tenha esquecido) e esse era o poder das culturas orais, esse é o poder do estado de ressonância, esta é a potência deste alinhamento, é voltar ao corpo, voltar à integralidade de quem somos.

*Quando praticamos esta relação connosco começamos a co-criar uma nova normalidade, onde temos agora o espaço, a dignidade, a coragem, a compaixão de ouvir o nosso coração, de seguir a sua voz, de seguir a voz da sua singularidade, do seu serviço, do seu propósito, das muitas vozes de que somos compostos.*

Somos multi-vocais e, quando queremos atingir uma unidade de ser, acabamos por empurrar para a sombra como máscaras inúteis, partes do nosso ser que também fazem parte de nós. **Uma unidade é sempre composta de muitas coisas, mas a questão é que agora são integradas, estão todas alinhadas.**

*"A coragem é a mais importante de todas as virtudes porque, sem coragem, não se pode praticar nenhuma outra virtude de forma consistente".*

*Maya Angelou*

PARTE 2

# Práticas Imanentes

## A Bolha
*Prazer e conforto imediato*

O que tenho vindo a escrever é imanente e de absorção lenta. Cada pessoa fica com bocados que lhe fazem sentido e vai descartar outros que não fazem. É uma conversa, é activar um discurso interno, para reencontro pessoal. E isso não se faz com dogmas, faz-se com construção e desconstrução.

A bolha pessoal é um estado oposto ao estado de coerência e sintonizado de vibração alinhada, quando a preocupação primordial é não sentir desconforto, então evitamos porque não queremos parecer mal, temos medo de falhar, evitamos as coisas difíceis, as decisões desafiantes, as conversas penosas, as relações complicadas, repelimos tudo o que é caótico. Na verdade, é uma abordagem egocêntrica às coisas, procrastinamos, adiamos, porque temos medo do desconforto. Quando estamos nesta bolha, quando alguém diz ou faz algo, vamos sempre relacionar esse evento com a forma como nos afecta individualmente, o que pode causar raiva, dor ou irritação, porque ligamos ao que aquela pessoa diz ou faz connosco.

Estamos sempre à espera, sempre na expectativa, de que as outras pessoas nos deêm o que queremos e quando isso não acontece ficamos frustrados, desiludidos e zangados. **Mas o amor não é condicional.** Quando esperamos que o amor venha de fora, temos um problema. Na verdade, a maior parte dos nossos problemas são causados por esta bolha, **a bolha de excesso de razão, que causa uma enorme fragmentação com tudo**, em que estamos sempre à espera, na ilusão de uma validação vinda do exterior.

*Todos precisamos de validação do exterior, contudo não precisamos de estar nesse papel.*

É aqui que nos tomam os prazeres temporários, como a TV, as redes sociais ou a comida de plástico. Quando permitimos estar em integração, quando nos dissociamos destes impulsos, percebemos que não são o centro do Universo.

Primeiro que tudo, temos que reconhecer que todos já estivemos na bolha. Somos pessoas e, sempre que nos sentimos **irritados, frustrados, receosos, ansiosos, a adiar as coisas, magoados, a desejar que as pessoas fossem diferentes**, estamos na bolha. Quando a bolha toma conta de nós, não co-criamos com o território, estamos em reação, reativos e estes são os sinais. É quando estamos no centro do pluriverso e tudo se relaciona connosco, num estado de coerência óptimo, mas sem tensão. **Quando estamos na**

**bolha, tudo se relaciona connosco, mas tudo nos ataca.** Aquela pessoa não disse o que eu queria ou não reconheceu quem eu sou. No discernimento profundo, começamos a ver que os desejos pessoais e imediatos podem ser triviais e altamente fúteis. **Quando passamos a vida a fugir da vida, para evitar o desconforto, não vivemos**, não nos colocamos ao serviço do nosso sonho, porque estamos desconectados dele, nem sabemos qual é. É então que perdemos a motivação pelas coisas, que perdemos a paixão. No entanto, **a vida é apaixonante, é brilhante em todas as suas cambiantes.** Uma das viagens que proponho é caminhar no território singular sem bolha (nem sempre, nem nunca), mas exercitar essa saída libertando-nos das preocupações constantes, com os nossos desconfortos e receios. No fundo, irmo-nos ligando a este bem maior, a humanidade precisa, urgentemente, que façamos isso. Numa sociedade altamente individualista, este exercício é altamente duro e difícil porque a sociedade diz-nos que o poder está no indivíduo, mas não está.

*Temos aqui o resgate do poder de conexão, o resgate deste propósito do serviço do génio pessoal para um bem maior, para a comunidade. Temos aqui a grande diferença entre uma vida de direitos e uma vida de responsabilidades.*

A cultura ocidental é uma cultura de direitos e vivemos numa bolha cultural de excessos que não é natural, porque **a cada direito que acreditamos ser nosso, há sempre uma responsabilidade por trás que obliteramos**. Porque os direitos são abstractos, então não conseguimos seguir a linha sistémica até à origem da sua responsabilidade. Por exemplo, temos todo o direito de ter água corrente em casa, consequentemente, todos temos a responsabilidade de manter as águas do território limpas e purificadas sem poluição, para que todos possamos ter o direito de ter água canalizada. Estamos sempre a falar de sistemas recíprocos e co-emergentes. **Na verdade, a visão dos direitos sem responsabilidades é uma visão**

**não madura.** As sabedorias ancestrais falam de uma percentagem que é essencial ao equilíbrio da comunidade de 51% para 49%, que fala do **poder de viver em responsabilidade perante a aquisição dos direitos.** Direitos aqui não como privilégio, mas como responsabilidade guardiã da vida. Dou 51%, retiro 49%, o que é essencial para a sustentabilidade de todos.

Nunca estivemos numa fase tão grave a nível ecológico, porque a civilização nunca respeitou os 51/49, pois sempre se viu numa cultura de direito — tenho o direito de tirar, a prerrogativa de usurpar, porque preciso — sem um sentido de responsabilidade. Vamos usurpar recursos, matamos vida para termos aquilo que precisamos, para termos uma boa vida. Como todos bem sabemos, não é sustentável. Contudo, isto é porque existe esta bolha. Então, na verdade, o estado de coerência e conexão fala-nos sempre de voltarmos a assumir a inteira responsabilidade perante as coisas, não só como indivíduos, mas à medida que mais pessoas se abrem a esta dimensão, como **comunidade**, maturam enquanto cultura. Enquanto seres em cooperação somos responsáveis por tudo isto, por todos nós e pela vida. Pode ser um confronto muito duro no início, mas é necessário este conflito para acordarmos para a realidade das coisas.

*Então a pergunta que deixo é: onde é que podem dar mais, onde é que podem levar mais atenção amorosa, sem retirar tanto.*

Há áreas da vida em que estamos na bolha e há áreas em que já não estamos na bolha. Há aquela frase muito famosa que diz: se se julga espiritualmente avançado vá passar uma semana com a sua família e depois logo se vê o que acontece. Fazemos o nosso trabalho, não podemos fazer o trabalho da outra pessoa.

*Não estamos aqui a tentar ser iluminados porque esse é um conceito muito individualista.*

A proposta é de voltarmos ao sonho. Quando somos inteiros, estamos em comunidade e na comunidade vai sempre haver confrontos, não há alegria para sempre. Então é reconhecer esses momentos, trabalhar para eles e validá-los, tudo faz parte da maravilhosa diversidade da vida. A mente racional tende ao perfeccionismo. Se a resposta não for inteiramente perfeita então é descartada. Mas a realidade das coisas não é essa. Sim há coisas onde estamos bem lá, outras não (de todo), mas depois voltamos lá. **Este é o pulsar orgânico da vida, da consciência, enquanto energia materializada no território, no contexto e nas relações**. A questão é estarmos atentos sem julgamentos. Tudo isto são propostas de viagens e não são fins, são fluxos, não são destinos finais. Todos nós já os sentimos, todos nós já passámos por eles, mas não ficámos lá, porque estamos aqui agora a experienciar tudo isto. **A questão é que quando não validamos estas dimensões de conexões estes estados de consciência, passamos por eles e não lhes damos o devido valor.** Assim o convite é dar-lhes valor, mas sem retirar a vivência de tudo o resto.

## Expandir e Conectar

*A Vida foi-nos dada de presente*

Quando notarmos que estamos na bolha (e inevitavelmente vamos lá parar de vez em quando), é preciso reconhecer que a bolha é o dédalo da nossa mente. Quando notamos que lá estamos expandimos a mente e o coração, temos sempre essa opção, todos nós, só que nem sempre nos lembramos disso. Mas temos a hipótese de nos irmos lembrando de fazer isto, de vermos o panorama das coisas sem dissociar, de sentir o que os outros devem estar a sentir, de **experimentar para compreender e não para julgar ou condenar**. Isto é muito difícil de fazer, mas é possível ir fazendo. O objectivo é acordar isto em nós, e tornarmo-nos cada vez mais íntegros. Experimentarmos co-criar uma nova normalidade. **Compreendermos o quão fúteis podem**

**ser as nossas preocupações e receios**, perceber que quando os outros nos tratam mal não é sobre nós, mas sobre o seu próprio sofrimento, fala-nos sobre a sua própria desconexão.

*Como é que nós, enquanto seres sistémicos, em conversa com a vida, podemos ajudar a conectar, a ter compaixão, a sentirmo-nos felizes, o que simplesmente posso fazer?*

Quando voltamos a esta dimensão do coração é mais fácil não reagir. Às vezes o estar, o ouvir sem julgamento, com compaixão ajuda a entender, a compreender a dimensão do outro, o seu próprio antagonismo, o seu sofrimento, a sua dor. Mas esse pequeno momento, a que possamos chegar um dia durante 5 minutos, pode contribuir para fazer toda a diferença, começando em nós. Mas pode também contribuir para sanar algum ponto de uma relação fragmentada e esse sentimento de fazer a diferença é, o que todos viemos cá resgatar. Todos viemos cá fazer a diferença, e isso é o mais importante para a nossa própria realização, para a nossa própria felicidade, para a nossa manifestação da singularidade da alma. Porque a importância deste fazer a diferença, é igual ao objectivo, à missão ao propósito da vida. Porém, temos que relativizar o papel da mente, podemos fazer todos os dias, na forma como nos alimentamos, no que escolhemos ou não comprar conscientemente, na maneira como tratamos os recursos da Terra, na forma como escolhemos tratar todas as pessoas à nossa volta. **Não temos de receber prémios por fazer a diferença** (direitos vs responsabilidades). Fazer a diferença é a nossa Natureza, é reencontrarmos a nosso sonho, a missão e serviço ao todo, é estarmos intimamente conectados com o território da nossa vida. Uma proposta para agirmos sobre ela: vamos supor que toda a 'internet' é inútil, que não há telemóveis, e que temos de sair de casa o dia todo, todos os dias. Onde iríamos e o que faríamos, onde, como e com quem gastaríamos este tempo valioso da vida? A que missão nos entregaríamos? Que diferença faríamos se não nos dispersássemos, se não nos fragmentássemos um bocadinho mais todos os dias? São questões para **sentir**, não precisamos de responder de imediato. São perguntas que devem ser levantadas em várias fases da vida. Na essência se tiver que gastar o meu tempo em significado, em conexão, bem gasto, onde é que o faria? **O tempo é vida, tempo é a coisa mais valiosa que temos. Sem tempo não temos nada.**

————————

## + EXERCÍCIO +

### Voltar ao Coração

Voltar ao coração, onde quer que estejamos (numa discussão, numa fila de tráfego, ou mesmo estando bem), mudar o foco, mudar a forma como interagimos com o mundo. Mantendo esta atenção no coração, abrandando o ritmo da respiração, aprofundando a respiração, para ativar o conjunto de emoções regenerativas que nos serenam, mantém-nos alerta, presentes, mas gentilmente e em sincronia. É a coerência que falámos anteriormente.

A mente vai querer fazer tudo disciplinadamente.
Se fizermos um minuto a cada quinze dias, é melhor que fazer todos os dias sem qualidade nenhuma.
Posso fazer quando sinto a necessidade.
As soluções mais simples são as mais viáveis, mas aquelas a que a mente coloca mais entraves.

————————

# Sacrifício e Disciplina

## Saber lidar com o fracasso

Quando trabalhamos a partir da missão e serviço, quando activamos o génio pessoal e seguimos o caminho da alma e da responsabilidade, seguimos o percurso da co-criação. **No trajeto do serviço é importante saber lidar com o fracasso**, porque é sempre inevitável, seja o que for que nos propomos a fazer ou concretizar, seguir pela alma e consequente alinhamento envolve sacrifício e disciplina, sempre. Tudo envolve sacrifício, presença e disciplina. Agora se o sacrifício e disciplina estiverem envolvidos em algo significativo, então vale a pena! Não quer dizer que não haja momentos em que vamos querer "mandar tudo às urtigas". A origem da palavra **sacrifício** fala de sacro-ofício, fala de **trabalho sagrado**, estabelece os passos que possamos dar para a sacramentalidade, para o contacto singular com o divino, quando em alinhamento e em exercício de manifestação da alma, em conexão com o divino (não como religião, mas enquanto espiritualidade). Qualquer concretização inclui algum custo, o que temos de perceber é se vale a pena, se estamos afim ou não.porque nada é agradável ou edificante o tempo todo. Nada! Assim, o modo como lidamos com o fracasso é uma pergunta que nos devemos colocar: que luto, que sacrifício estou disposto a tolerar na minha missão, na concretização do meu sonho? O que determina a capacidade de concretização do sonho está ligado também à capacidade de ligar aos momentos decadentes, podres, desmotivantes, densos, difíceis, porque eles vão existir na mesma.

*O significado último da missão singular pode fazer com que tudo valha a pena, mas isso só saberemos individualmente.*

Com que experiências desagradáveis sou capaz de lidar durante este caminho, com as pessoas a rirem-se de mim e daquilo que pretendo, do que expresso, do que comunico, que representa a viagem da alma? Ao acedermos à missão, ao sonho último, em alinhamento com o território, na cultura e na sociedade ocidental que é altamente dissociada e fragmentada, podemos deixar de encaixar. E isso é muitíssimo assustador e doloroso para todos. Então é importante quando definimos e criamos este sonho **abraçarmos os constrangimentos que ele também nos traz**. Sentiimo-nos insensatos, perdidos, faz parte do caminho de alcançar algo importante, que traga significado.

*Como estamos dissociados destas dimensões, quando encontramos a missão acreditamos que o caminho a percorrer é pavimentado a ouro, com seres inefáveis a tocarem trombetas de ambos os lados, e que tudo será maravilhoso.*

É glorioso sim, e também não é, mas pode ser extraordinário porque finalmente trabalhamos em função dos nossos últimos significados, que reverberam profundamente no núcleo da alma.

Quanto mais nos assustam, as grandes decisões de vida, maiores são as probabilidades de termos mesmo de as tomar. Pois são os caminhos menos percorridos do território singular a que pertencemos, as tais áreas selvagens, onde ainda não fomos, as zonas de limiares e transições onde está o valor e a riqueza das coisas. **Quando estamos na bolha evitamos sempre o confronto, evitamos estar desconfortáveis, prevenimos a vergonha** e muitas pessoas não seguem a sua missão, propósito, sonho ou serviço porque têm vergonha do que possam dizer, sentindo-se humilhadas de não pertencer. Na verdade, tudo isto tem a ver com **assumirmos inteiramente a nossa vulnerabilidade**, a melhor forma de lidarmos com o fracasso é assumirmos por inteiro a nossa vulnerabilidade, que é real e necessária. Todos temos as nossas razões para não fazer o que devíamos estar realmente a fazer com a vida e repetimos essas razões infinitamente em nós, justificamos o injustificável.

----

## + EXERCÍCIO +

### Razões e Justificações

Pode fazer uma lista agora dessas razões. Na verdade, essas razões muitas vezes são justificações, porque não queremos lidar com o fracasso, com a dúvida ou com a vergonha. Posso dizer que se estas razões se baseiam no que os outros pensariam, então, na verdade, só fazemos mal a nós próprios.

Ao longo de alguns minutos façam essa lista de razões: porque não decido, assumo ou sigo a voz do coração? Existem sempre razões. Por outro lado, outra lista a fazer é: que lutas ou sacrifícios estou disposto a tolerar?

----

## Qual o seu Legado?

*Não ambiciono grandes realizações, mas uma forma de bem usar o tempo limitado*

Quando colocamos as coisas em perspectiva na vida, sejam as relações, as experiências ou as decisões, a perspectiva última sobre a qual colocamos a vida é a morte.

*A questão é se somos definidos pela morte ou se somos definidos pela vida.*

**E a morte é tão válida como a vida, a morte faz parte do ciclo natural das coisas.** Qual vai ser o seu legado? O que deixamos de significativo à comunidade? O que confiamos aos outros para além de nós próprios? Novamente não tem a ver com grandes realizações, mas com a forma significativa (que traga significado), com uma maneira de usar o tempo limitado. Porque, na verdade, **é a morte que nos dá a perspectiva sobre o valor da vida, com toda a sua dor, a sua finitude.** Então que histórias é que vão contar quando já cá não estivermos? O que o nosso obituário vai dizer? Será que há algo para dizer? O que gostaríamos que dissesse? Como vamos começar a trabalhar nesse sentido?

*Novamente, o que o nosso obituário possa dizer, não tem nada a ver com grandes realizações ou vaidade, mas de facto tem a ver com tornarmos a viagem, a peregrinação, significativa.*

Porque a viagem neste corpo, neste território é sempre limitada. E para que esta viagem seja significativa, temos de sair do sofá, sair da mente e agir, alinhar e participar, pensar para além de nós próprios e paradoxalmente imaginarmos um mundo sem nós. Então este legado está ligado a conceitos como os valores que estão ligados às crenças, sempre ligados às perspectivas e percepções individuais. Quando não conhecemos o teor, qualidade, vibração ou a orientação dos nossos valores e quando não sabemos o que é importante para nós, **assumimos os valores dos outros e vivemos as prioridades de terceiros ou as prioridades da cultura em vez das nossas próprias precedências.** Então esta definição tem a ver sempre com integridade e assumirmos o caminho do coração. Esse GPS interno são os valores, é aquilo que é verdadeiramente importante para nós, mesmo que seja contra tudo aquilo que a mente racional diga, só temos de ouvir. Porque não há ninguém que saiba melhor da singularidade e do serviço da alma que nós próprios. Não há ninguém que nos possa dizer para fazer isto ou aquilo. Não aprendemos isto fora, resgatamos de dentro. **Porque**

**já cá está, sempre esteve, desde que nascemos**. A eterna questão entre transcender, implica sempre algo fora, implica algo mais além, para lá do horizonte, fala da relação com o espírito, mas imanência fala da relação com a alma, é aí que vamos buscar o significado último do nosso legado, o serviço ou a vocação.

# Experimentar e Viver
## Explorar e Agir

Na verdade, temos a dimensão fundamental da experimentação, para caminharmos integralmente no território, para viajarmos inteiros na vida em alma e corpo presente, temos de experimentar, agir e co-criar. Só imaginar abstrações — podia fazer isto, mas não sei se vou gostar, podia ir para aqui, mas não tenho a certeza se faz sentido — e o cérebro é exímio em criar cenários que pré-ocupam a mente com coisas que nunca aconteceram ou vão acontecer, mas mantém-se ocupado a justificar tudo isso. A verdadeira sabedoria da alma está na integralidade da acção onde, se não experimentar não saberei. Pois **viver não é teórico**. A concretização, a realização, a criação do sonho, missão ou propósito é sempre experimental. Temos de experimentar para saber. Só ao experimentar é que sei se faz sentido, se a alma vibra ou não. Então procuramos formas, ferramentas, espaço, tempo na vida para a experimentação.

*Como de facto vivemos numa cultura muito abstracionista, tendemos a confundir a compreensão abstracta de um conceito com a experiência desse conceito. Contudo, são coisas muito diferentes.*

A compreensão abstracta de um conceito não tem absolutamente nada a ver com a **incorporação** desse conceito, pode até acontecer que eu perceba e entenda a ideia, mas podem passar anos até que a incorpore e chega o momento em que — ahhh! —, afinal compreender não é a mesma coisa que incorporar. São formas diferentes de aprender conhecimento, a tal memória corporal da qual as culturas orais são exímias e da qual perdemos esse recurso integral. Há um ditado dos nativos da Nova Guiné que diz 'nenhum conhecimento é válido até que habite o corpo'. A incorporação leva tempo e é como uma digestão, e precisamos de tempo para que os nutrientes nos nutram e passem a fazer parte de nós integralmente. Com o conhecimento, as ideias, as opções, ou decisões, a sabedoria, é exactamente a mesma coisa.

O Feng Shui, por exemplo, é uma prática que se apresenta superficialmente com dicas. Que me envinagram! Porque as dicas são aquilo em que estamos viciados hoje em dia. A rapidez e velocidade do conhecimento (aparente), a brevidade da conclusão, a pressa de chegar a algo. Contudo, qual é o problema das dicas ou deste conhecimento superficial? **É serem total ou parcialmente desenraizadas da origem, do seu discurso completo, da sua pulsação vital e contexto que lhe deu vida.**

*A energia da superficialidade não é viva, pois nada substitui a experiência.*

Após fazermos a lista de justificações de porque não avançamos no caminho e o que estamos dispostos a tolerar ou não, podemos abrir espaço e tempo para começar esta **exploração vivencial**, uma experiência literal das coisas, seja com cursos, conversas ou passeios. caminhar (pois somos seres caminhantes desde a antiguidade e, na verdade, nada substitui uma boa caminhada) está-nos nos ossos este movimento.

# Diverso, genuíno, complexo e selvagem

## Os muitos propósitos

O propósito, pode ser falado como o sonho da vida ou como a missão, e logo aqui temos um problema. Que é julgar que o propósito ou a missão é apenas uma. **Numa experiência multi-vocal, numa singularidade diversa, genuína, íntima, presente, integrada, altamente complexa como é a natureza selvagem, os propósitos são muitos.** Vivemos numa cultura de especialização, em que uma pessoa se tem de especializar numa coisa, tem que ser grande nessa coisa, especificamente só ali. A especialização é algo que vai sempre até ao átomo de um tema, a questão é que o tema nunca está sozinho no vácuo das coisas, está sempre em relação, em teia com tudo o resto e também se desbobra em camadas multidimensionais. Então a proposta é de facto que tenhamos uma visão expansiva do que é isto do propósito, sonho, missão ou serviço.

*Que, na verdade, é amarmos plenamente a vida e, com isto, desdobram-se os nossos propósitos, desdobram-se as nossas missões.*

Não temos que ter um caminho, definido sempre ali, só naquela unidade. **Podemos e devemos perder-nos.** Como seres diversos, somos também multidimensionais, multi-focais, e ao tentarmos encaixar a 100% apenas numa definição, cortamos inevitavelmente partes de nós. A natureza humana saudável é orgânica, pulsante e vai saltar para dentro e para fora das coisas. **Inevitavelmente, até morrermos, vamos tentar coisas novas. Infalivelmente deixamos de resistir ao desconhecido**, às tais zonas selvagens do nosso território e comprometemo-nos plenamente, integralmente, com o que está aqui e agora. Esta é a minha perspectiva de vida. Desde que nos comprometemos, responsabilizamos e alinhamos plenamente com o que está acontecer agora mesmo, neste lugar, caminhamos em integridade, abrimos as chaves dos valores, e manifestamos as missões. Porque para conduzir a uma vida em propósito, seguimos as paixões, seguimos o que vibra, que nos activa, que nos chama. E o vazio? A sensação de que falta sempre algo? Aquela sensação que desgasta e em que a mente está sempre a dizer — não ainda não chegaste, ainda falta mais isto, não ainda não consegues, ainda tens de fazer mais isto? Quando **assumimos plenamente o lugar,** seja ele qual for, porque todos os lugares são singulares e mágicos (sim mágicos) esta percepção de vazio ou de carência como que desaparece, porque vivemos em função da paixão, paixão viva pela vida.

*O sonho não se define, o sonho cria-se à medida que caminhamos, e é como o mar, como uma maré cheia e uma maré vazia, mas abraçamos a vida e isso é o essencial: abraçar a vida.*

**Abraçar a vida traz-nos a uma dimensão intencional de viver.** Onde não estamos mais perdidos em rotinas vazias ou tóxicas, mas encontramo-nos aqui inteiros, o que quer que isso signifique. Porque nenhuma singularidade é melhor ou pior que outra, nenhum propósito é melhor ou pior que outro, nenhuma missão é mais ou menos válida. Quando chegamos aqui, a esta vivência intencional e integrada perguntamo-nos como pudemos viver a vida até aqui? Como? Desfrutarmos da viagem é essencial, porque a vida com todas as suas agruras, todas as suas violências, é fantástica. Na verdade, é uma co-criação dos vários sonhos, propósitos ou missões, dos múltiplos interesses. Então não temos que nos designar ou que nos categorizar como a pessoa que faz 'aquilo', **porque todos fazemos muitas coisas,** umas melhores, outras piores e tudo isso está integrado. E tudo isso contribui para a uma vida intencional e inteira. Todo o nosso planeta está cheio de problemas, portanto há algo que todos podemos fazer intencionalmente para melhorar a vida de todos, todos os dias um bocadinho. Novamente podemos querer fazer coisas em grande, mas não temos que o fazer, **todos**

**os dias um bocadinho intencionalmente**, assumindo esse lugar de responsabilidade inteira, por toda a diversidade e multiplicidade da vida à qual estamos ligados, inerentemente conectados sempre. Todos somos guardiões da vida, e a minha pergunta é: que parte da vida queremos guardar? O que nos chama para melhorar nesta vida? Que valores maiores se animam para além do próprio prazer imediato ou da própria satisfação? Só temos que escolher um problema e começar a salvar o mundo e todos, cada um na sua dimensão e cada um segundo os seus valores, cada um segundo a sua singularidade diversa, com todos os talentos e dons, com todas as perspectivas e integridade, podemos fazer um pouco. Este conceito de realização do sonho não é um processo narcísico, um processo egoístico, **mas sempre um sistema inteiro e em serviço à comunidade.** No meio deste serviço à comunidade, quando estamos em alinhamento, vivemos a paixão, activamos a vida intencional e isso não tem valor, é tempo bem entregue.

# Entelequia

*Interconexão evolutiva*

Enteleguia, fala da interconexão evolutiva de todos os propósitos entre nós e o sistema que afectamos mais directamente, a nossa teia. É fundamental ligarmo-nos à variedade e diversidade dos saberes, sabedoria, como nos rendemos e integramos tudo? Segundo a wikipédia Entelequia vem de entelékheia, de en, 'dentro' + telos, 'finalidade': entelos, 'finalidade interior' + echein, 'ter'; pelo latim entelechīa-), na filosofia aristotélica, é a realização plena e completa de uma tendência, potencialidade ou finalidade natural, concluindo um processo transformativo de todo e qualquer ser animado ou inanimado do universo. É o ser em acto, isto é, plenamente realizado, em oposição ao ser em potência. **É um processo diário, de voltar,** não é de ir para lado nenhum, de ir porque estamos fartos, é de voltar. Só podemos caminhar inteiramente se voltarmos integralmente e só se voltarmos absolutamente é que temos a possibilidade de ouvir a alma.

## Vulnerabilidade
*Corrente fundamental do Ser*

Tudo isto fala sempre de nos mantermos em vulnerabilidade, em reciprocidade, e de permanecermos em relação. A vulnerabilidade não é linear, faz parte do sistema de diálogo com o mundo, que precisamos acordar para esta conversa, mas para isso temos que a resgatar, que é de facto a corrente fundamental do ser, porque só através da vulnerabilidade é que conseguimos estar inteiramente.

*Se estivermos em modo, fortificação defensiva, não estamos em relação e não assentimos com o coração ou em espaço-coerência.*

Fugir da vulnerabilidade é fugir da essência da nossa natureza. **Ter a sensação de poder isolada e temporária sobre os eventos, sobre as circunstâncias, sobre alguém é um privilégio totalmente ilusório.** Porque, na verdade, é uma enorme responsabilidade, que conseguimos usufruir em vulnerabilidade. A única voz que temos quando chegamos à maturidade (fases fundamentais da incorporação), mas **a verdadeira maturidade tem a ver com habitar por inteiro a vulnerabilidade.** Para assumir a vulnerabilidade já nos sentámos com o medo e ele não desapareceu, mas temos a coragem de nos mantermos em vulnerabilidade apesar da sua presença indelével. **Porque só a vulnerabilidade permite a conversa**, só ela nos fala de coragem, compaixão e intimidade. A vulnerabilidade torna-nos íntimos com as coisas, e a intimidade é muito valiosa. Corremos o risco de a perder num mundo de abstrações cartesianas, porque a **intimidade é orgânica e delicada**, e para lá chegarmos é preciso vulnerabilidade. A intimidade é bem profunda e faz com que pertençamos inteiramente. Enquanto não formos íntimos do nosso território, enquanto não voltarmos a ser íntimos com o corpo, nunca chegaremos à vulnerabilidade. **A vulnerabilidade também se activa com a intimidade da morte**, com a intimidade dos finais de ciclos, das tragédias, das catástrofes, com toda a dor, com toda a dificuldade, com todo o caos que causa, mantemo-nos vulneráveis em conversa e diálogo abissal, essa é a conexão. Não é fácil, mas é essencial para uma verdadeira vida intencional e com significado.

# Alegria
## Prática da generosidade genuína

A intimidade da vulnerabilidade ou o seu poder intrínseco, leva sempre à generosidade genuína, que é um processo natural e alegre. São os 51% vs os 49%. Tem a ver com a prática inteira de dar sem esperar nada em troca, de simples e potentemente dar. É uma energia muito pura esta e, na verdade, a prática de generosidade ajuda-nos a purificar e a alinhar. **Porque a generosidade retira o limite das coisas e permite sentir a conexão**. A generosidade a par com a vulnerabilidade ajuda a passar a porta do medo, o abismo da ansiedade e da preocupação. A generosidade faz-nos desaparecer e quando desaparecemos ficamos em alma intencional e presente em acção pura que é como o amor, não é condicional. Ou seja, não tem a ver com condições pré-estabelecidas, contratos, ideias, expectativas, julgamentos, de que faço isto para receber aquilo — que faço assim porque depois posso receber... — Não.

*Simplesmente percorremos esta teia relacional, que nos sustenta a todos, porque a questão que muitas vezes não queremos saber é que todos nós somos produtos desta generosidade genuína, só existimos por causa dela.*

Esta é a generosidade do cosmos, da concretização da vida, algo muito poderoso. — Não posso ser generoso com aquela pessoa, porque ela não foi generosa comigo. — E atenção isto é natural e humano que aconteça, mas a generosidade genuína não se preocupa, porque simplesmente dá. Mesmo que esteja em risco de perda iminente, aceita essa vulnerabilidade, aceita essa intimidade, a intencionalidade com o momento. Quando nos conectamos com esta generosidade, é que entendemos o seu valor e a sua presença intrínseca em toda a natureza das coisas, ligamo-nos também à sua força. **Porque esta generosidade é muito mais forte do que qualquer muralha que possamos erguer.**

*É uma força súbita, é um colo, é um consolo, é uma origem, é a fonte. Mas para chegarmos aqui temos que assumir a vulnerabilidade.*

Quando chegamos aqui, resgatamos, reclamamos, o nosso lugar na conversa da vida. O lugar fica claro, porque não é nem mais, nem menos, nem deveria ser algo que não é, **porque é inteiramente o que é.**

*Assumimos esse lugar, sentimos o privilégio de aí estar, com todas as dores, todos os desafios, todos os obstáculos. Há um privilégio que é o da vida.*

Quando assumimos esta generosidade, quando a sentimos como o chão que pisamos todos os dias, assumimos imanentemente o lugar e entendemos finalmente a força de criação que todos temos. Claro que, para chegar a esta força de criação, podemos ter que destruir algo na vida. Podemos ter que deixar algo morrer para chegar aqui. Isso não é errado. **Faz parte deste sistema orgânico.** Estes processos na vida não são necessariamente simples, mas são viagens. A questão é nunca perderemos o contacto com o território, com os passos, com o GPS.

---

## + EXERCÍCIO +

## Peregrinação de Escuta
## de Bayo Akomolafe

Escreva três ou mais das suas perguntas mais urgentes e mantenha esta lista de lado. Com um bloco e uma caneta, embarque numa "peregrinação de escuta", começando por qualquer objecto comum imediatamente acessível a si, ou nas suas proximidades.

Sente-se com o objeto, fique curioso sobre "ele". Em vez de perguntar, "o que é este objecto?", pergunte "o que está a acontecer aqui?", e depois anote as suas impressões. O que escreve deve ser sob a forma de outra pergunta que continue o rasto à moda dos pontos de ligação. Continue a seguir este rasto de perguntas, motivado pelas suas intra-acções apaixonadas com objectos/conceitos mais recentes. Quando estiver saturado ou não puder continuar, volte às suas perguntas urgentes (a lista que guardou de lado), e responda-lhes, acrescentando-lhes ou tomando nota de quaisquer alterações na forma como as enquadraria.

---

A primeira vez que fiz este exercício, o meu objecto foi um lápis, e foi muito valioso aquilo que o lápis me disse, as memórias do carvão, as memórias do fogo, as recordações das árvores de que é feito. **Este exercício ajuda a entender a relação entre tudo e é disso que é feito o nosso trilho**. O fundamento deste exercício é que somos exímios a criar símbolos e a fazer associações. A natureza da proposta que vos tenho vindo a trazer neste livro é a pergunta. As crianças passam aquelas fases dos porquês, que é a curiosidade natural que todos temos, **porque perguntar situa-nos, não é a resposta que nos situa, é a pergunta.** O perguntar é o que nos ajuda a alcançar outras dimensões de compreensão, "o perguntar é o caminho e a resposta é o destino."

## O livre arbítrio e o Território

Há inúmeras potencialidades que podem ocorrer no território. O que está definido é o território, e a paisagem da vida é muito vasta, há zonas com abismos, com falésias, que são difíceis de passar e há zonas que são mais paradisíacas. Então imaginemos que há um rio e algures na vida, teremos de o atravessar. O rio é o destino, o tal destino definido, o rio está lá, ter que o passar é o destino. Mas, o livre arbítrio, a tomada de consciência ou a integralidade na própria vida e a consequente fusão ao território, diz que se não tiver consciência ou ficar dentro da bolha, quando for altura de atravessar o rio, será fora de pé, numa zona tumultuosa, bem difícil, cheia de correntes. Mas se tiver vindo a fazer o meu trabalho de responsabilidade inerente a esta paisagem da alma, passo o rio na mesma, mas possivelmente num sítio sem tantas correntes, se calhar com menos água, pode até ser só com água pelo tornozelo, que até refresca os pés. Escolho por onde passo, por mais consciente ou inconsciente que seja essa escolha, mas o rio está lá sempre.

## Receitas Redutoras

### O colapso da verdadeira sabedoria na acção desapegada

Somos especialistas na resolução de problemas complexos quando no estado mais selvagem e intuitivo. Despertamos o conhecimento de padrões através do ritmo e das rimas, pois estas são antigas formas de armazenamento e expressão de sabedoria. Hoje, na cultura verbal, classificamos receitas e fórmulas escritas como inamovíveis, fechadas, e rígidas. **Verdades absolutas**. Para as aplicar bem, temos de seguir cuidadosamente todos os passos, não podemos errar. Na verdade, ao quantificar as acções, seguindo receitas rígidas sobre o que fazer, ficamos limitados ao certo e errado. **Mas o conhecimento é uma entidade viva e em constante mudança, e as dicas e receitas podem sempre estar imediatamente desactualizadas no momento de serem escritas.** Cada pessoa que segue uma receita culinária tem resultados mistos (mesmo a mesma pessoa que use a mesma fórmula em momentos diferentes), apesar de medir cada ingrediente com extrema cautela. Mesmo controlando todos os elementos, fogo, tachos, panelas, talheres, pratos, fluxo de ar e luz na cozinha, emoções, relações, estações, ingredientes e armazenamento.

*O dogma perigoso da civilização ocidental é o de haver um verdadeiro conhecimento, uma única perspectiva, um anel para os conquistar a todos, uma única mente global, ou "somos um só".*

Esse conjunto de ideias é um **caminho unidireccional pavimentado com absolutismo e rodeado de reducionismo**. De repente, o contexto das coisas deixa de importar. É urgente reconhecer que, para ser objectivo, há que ser considerado fora do contexto das coisas, para além do fluxo vital que sustenta tudo. Para sermos objectivos, temos de nos afastar do ciclo natural e da emergência contextual, longe da necessidade real que originou a necessidade de intervenção ou observação. **Mas não vivemos em laboratórios**. Vivemos em ambientes contaminados pela vida, espontâneos, caóticos, e activos, onde a objectividade fria e distante não é possível. Trabalho com lugares e pessoas. Ambos contam histórias. Histórias singulares e únicas que tecem a própria vida. É um diálogo antigo. No entanto, as pessoas pedem-me dicas e receitas de coisas simples que podem mudar no seu espaço doméstico para melhorar a "harmonia". Seja o que for que isso signifique, pois, a harmonia, é **esmagadoramente individual**, surgindo do próprio contexto. É claro que faço sugestões, principalmente simbólicas. Mas **não há receitas, não há recomendações gerais que sirvam a todas as pessoas em todo o lado, sempre**. Cada casa é um ecossistema complexo e multifacetado, o que significa que as sugestões devem estar sempre atentas ao contexto real e concreto, lugar, estrutura construída, e singularidades de cada habitante no momento específico da observação. Precisamos de estar e observar, para sentir todas as camadas de vibração e significados que fluem através do lugar. **Se dogmatizarmos a resposta, aplicando dicas gerais, ficamos surdos a toda a informação que nos rodeia**. Podemos apenas tocar na superfície do que é mostrado, negligenciando os fios invisíveis da consciência à nossa volta. A cura surge a partir das necessidades específicas, da raiz dos desafios enfrentados pelos habitantes. Normalmente, os clientes ou estudantes ficam frustrados quando sentem que **não** existem dicas simples para trazer paz às suas vidas. **Há, de facto, um absolutismo cultural subliminar e perigoso neste pensamento (do qual todos fazemos parte), cheio de expectativas de perfeição, tendo direitos** para uma boa vida, e um plano de respostas rigorosas, certas e erradas.

*Mas não há certo ou errado. Há apenas energia. Processos, lacunas e fluxos. E responsabilidade em acção e co-criação com o que é.*

É extremamente simplista manter à superfície toda a vida, história, memórias, emoções ou ideias de alguém. **É perigosamente anti-ético continuar a negligenciar a agência e o poder do lugar, a paisagem e o amplo ecossistema sobre o qual a sua casa está construída**. É um enorme desafio de humildade transmutar a nossa perspectiva para que, em vez de seguirmos cegamente dogmas escritos a tinta negra, englobemos a verdadeira energia contextual à nossa volta. Que possamos captar o fluxo de energia em vez de seguirmos cegamente as receitas! Recuperemos a nossa verdadeira sabedoria em acções intencionais e singulares, pois somos especialistas na resolução de problemas complexos desde os tempos antigos.

## Responsabilidade Guardiã

Atualmente, o desenvolvimento pessoal e os caminhos de resgate do "eu" são trabalhados de várias formas. Fruto de uma vivência alojada na mente cartesiana e normativa temos esta fome de resgate de quem somos, deste ser mais completo e integrado, de uma vida mais plena e cheia de significado.

Neste caminho de auto-descoberta pomos em prática vários métodos, exercícios ou vivências. Abrimos chão, e tentamos encontrar respostas às perguntas da alma, re-encontrando o nosso lugar. O que nos traz propósito e valor. O que nos recorda da essência das coisas. Aliada a esta rota de exploração encontra-se a espiritualidade, que muitas vezes é incorporada em saberes e métodos que têm a potencialidade de trazer novas perspectivas sobre a nossa história, legado e consequentemente sobre o núcleo e a construção do futuro. As práticas espirituais podem conectar-nos a uma realidade incorpórea ou imaterial. Podem ajudar-nos num reconhecimento de uma consciência para além de nós, que tudo envolve e permeia. Normalmente chegamos a este percurso de resgate vulneráveis, pois inevitavelmente colidimos ao longo da vida com desconfortos, angústias, tristezas, sofrimentos e aflições. Sentimo-nos frágeis, indefesos, expostos, desprotegidos ou desamparados. **Precisamos de encontrar uma justificação, um motivo ou uma causa para a nossa experiência, o porquê das coisas**. Desta forma desarrumada ligamo-nos a figuras estruturantes, que nos trazem respostas ou conclusões. Parece que detêm a chave que nos permite decifrar a dança mítica da nossa vida. Bebemos dos seus conhecimentos, do seu saber e vibração. Professores, terapeutas, mestres, gurus.

Mas precisamos de cuidar. Cuidar de nós, das verdades do espírito e da alma. **E nunca, mas nunca, esquecer que espiritualidade e responsabilidade são um único percurso.** Uma correnteza que nos alinha e mantém em conexão à humildade, justiça e integridade. O caminho de desenvolvimento pessoal não é um percurso egoístico ou narcisista. Não tem uma função de nos realizarmos no topo de alguma hierarquia de sabedoria ou consciência como melhores, especiais ou escolhidos. **Numa realidade sistémica não há Messias, mas relações inteiras e humildade ao serviço da vida.**

Estás preparado para não ser especial, mas ser inteiro?

# Conclusão

Estes são temas muito vastos, e implicam uma mudança de paradigma, na visão da realidade das coisas, da forma como vivemos. O que trouxe, ou seja, as recordações da ancestralidade e conhecimentos, sabedorias que podemos e devemos ainda assim pôr em prática hoje, porque fazem com que todos beneficiemos disso. Assim como últimas palavras: se o sonho somos nós, **todos temos a missão e responsabilidade de tornarmos a vida de todos melhor e mais bonita (justa, inteira).** Então, bons sonhos. Esta é uma matéria de absorção lenta, portanto descartem o que não vos interessa e integrem o que ressoa. Mastiguem e incorporem, percorrendo o vosso território, pelos trilhos imanentes da alma ancestral.

*Esta mini-publicação tem também como objectivo a exploração de conceitos fundamentais para a compreensão da vida numa dimensão ecológica e sistémica, descolonizada e sagrada, focando-se nomeadamente no conceito de imanência.*

Genericamente, a nossa cultura ignora a existência de um terreno comum, a imanência. Assim como segue cegamente a sombra da própria civilização ocidental, nos seus dogmas de leitura hierárquica, mono-causal e "transcendental" da realidade. **O conceito de divino, sagrado e espiritual esteve presente por todas as palavras, sendo a qualidade essencial do mundo multidimensional que aqui pretendi infundir.** Na minha opinião, a prática da espiritualidade tem como objectivo, não só, aceder a realidades transcendentes, os caminhos "ascendentes", mas também a conexão com o núcleo das coisas, a imanência e os caminhos de "descida", como processos valiosamente complementares e tão esquecidos hoje em dia.

A maioria das pessoas a quem falei desta pesquisa revelou desconhecer a existência da palavra imanente ou inscendente. Este apagão cultural não se refere apenas à palavra, naturalmente, mas a toda a dimensão e simbolismo que acarreta. **Ao poder participativo de co-criação e co-emergência de uma realidade integrada, como a mente selvagem e indígena que descrevi na primeira parte.** Esta viagem trouxe a perspectiva da tradição filosófica masculina ocidental que usa uma noção de "Universal" que é imperialista e autoritária, havendo noções críticas que são "pluri-versais" ou "multi-versais", que representam alternativas descolonizadas. Como vimos, historicamente, a tradição filosófica masculina ocidental utiliza um conceito de "Universalidade" que é intrinsecamente epistemologicamente sexista e racista.

*Durante muitos anos, as epistemologias e metodologias de investigação ocidentais têm sido influenciadas pelas perspectivas coloniais na sua produção e validação de conhecimento.*

Um dos propósitos deste livro é também o de nos abrirmos ao vasto conhecimento das comunidades indígenas, cujos conhecimentos têm sido sistematicamente excluídos na investigação ocidental normalizada. Voltar a tornar visível o conhecimento dos excluídos e dos considerados 'hierarquicamente inferiores', **trazendo para a conversa outros paradigmas da realidade**, para que a cultura eurocêntrica saia do seu autismo e deixe de falar sozinha. As instituições de ensino estão hoje a trabalhar com uma parte dos extensos, complexos e diversos sistemas de conhecimento do mundo, usando este conhecimento também em modos de apropriação cultural (tema para outro livro!), que é também uma continuação do imperialismo eurocêntrico. Mas o sistema de conhecimento ocidental tem estado envolvido, principalmente ao longo dos últimos 500 anos, em epistemicídio, ou seja, a matança de outros sistemas de conhecimento e de outros paradigmas.

De forma a integrar (inscender) e clarificar (transcender) a problemática presente nestas páginas, passámos por várias unidades de análise que observamos sobre várias perspectivas. Subtilmente falei sempre de: conhecimento, poder e ser. O conhecimento fundamentado na perspectiva eurocêntrica fala de uma epistemologia hierárquica, linear, mono-causal e normativa que define que conhecimentos são ou não válidos e, consequentemente, que legitimam o racismo. Quanto mais epistemicídios, linguicídios, culturicídios, alienações ou dissociações terão que ocorrer até reconhecermos este pressuposto? O poder fala de como foi construída a "política global" actual e moderna, como tem vindo a ser constituída, configurada, como se reproduz e como funciona a sua natureza que se legítima a si própria. Normalizando o paradigma da diferença, da guerra, da violência, dos genocídios, da limpeza étnica, do mundo sem outros, do racismo ou da xenofobia. O "ser" fala das reinvenções complexas do ser humano, dos processos de subjugação e a formação de leis de classificação social da espécie humana, diferenciais e hierarquizadas pela "raça" do ser humano.

**Estas dimensões afectam a forma como interpretamos e agimos sobre o mundo.** Ao trazer para "cima da mesa" a sombra do progresso e da cultura imperial europeia, **assumimos as leituras limitadas do mundo e abrimos a nossa consciência ficando perceptivelmente mais livres e disponíveis** para com ele conversar. Por outro lado, não pretendo trazer aqui a ideia que transcender é menos importante que inscender ou vice-versa. Na verdade, esta narrativa pretende trazer pistas para aquietar a tensão que nos prende entre quaisquer dois opostos, o que significa expandirmo-nos para além de qualquer um dos dois, misturando ambos num nível de síntese mais inteiro. Há duas chaves vitais que são claras: uma reconhece que os opostos contêm as sementes um do outro no seu núcleo; e a outra é resistir à tensão dos opostos sem nos rendermos a um ou a outro.

*"Considerando que a nossa mente e consciência constituem uma ponte natural para a consciência transcendente e, o nosso corpo*

*e as suas energias uma ponte para a vida espiritual imanente."*
*(Ferrer, 2008, p. 6).*

A maioria das psicologias ocidentais tende a ignorar, ou estabelecer como "cidadãos de segunda classe", o corpo e a experiência somática, e com eles o arquétipo feminino e a imanência. **Uma vida espiritual mais encarnada pode emergir hoje da vida participativa, em envolvimento íntimo tanto com a energia da consciência cognitiva, como com as energias sensoriais do corpo e da natureza.** As transcrições seguintes de Ferrer ajudam a enquadrar esta visão integrada:

*"A espiritualidade imanente procura catalisar a emergência de seres humanos completos - seres que, embora permanecendo enraizados nos seus corpos, terra, e vida espiritual imanente, fizeram todos os seus atributos permeáveis às energias espirituais transcendentes, e que cooperam solidariamente com outros na transformação espiritual do eu, comunidade, e mundo. Em suma, um ser humano completo está firmemente enraizado no Espírito - dentro, totalmente aberto para além do Espírito, e em comunhão transformadora. . .Quem sabe, talvez como seres humanos encarnem gradualmente tanto a transcendência e energias espirituais imanentes - uma encarnação dupla, por assim dizer - podem então perceber ser aqui, neste plano de realidade física concreta, que a vanguarda da transformação e evolução espiritual tem lugar." (Ferrer, 2008, pp. 8-9).*

*"Considerando que a nossa mente e consciência constituem uma ponte natural para consciência transcendente, o nosso corpo e as suas energias primárias constituem uma ponte para a vida espiritual imanente. A vida imanente é matéria-prima espiritual... ou seja, energia espiritual em estado de transformação, ainda não actualizada,*

*saturado com potenciais e possibilidades, e a fonte de genuínos inovação e criatividade a todos os níveis" (Ferrer, 2008, p. 6).*

Como refere Pegi Eyers, ao descolonizarmos a nossa perspectiva abrimo-nos à interligação com os processos em evolução de toda a vida. Somos convidados a aprender de forma transformativa e integrada.

*"Se o objectivo da descolonização é livrarmo-nos das mentalidades coloniais, porque não centralizar as nossas próprias tradições de sabedoria quando elas nos permitem pensar e agir de forma a apoiar as nossas comunidades, incluindo a Mãe Terra, as Nossas Relações e o Grande Espírito?". Zainab Amadahy*

Este processo refere que nos compreendamos a nós próprios como existíamos em relação antes da civilização moderna dissociativa e fragmentada, e que a implementação de novas soluções sincréticas são vitais para a sobrevivência da raça humana.

Nestes tempos de acesso ilimitado à informação, a recuperação da nossa própria herança ancestral tornou-se uma possibilidade real. Para recuperar o nosso eu ecológico pré-colonial ou pré-conquista (sim porque fomos todos colonizados), temos de deixar de seguir as sugestões da sociedade dominante, e de nos tornarmos espontaneamente dirigidos pelo mundo natural. A nossa consciência move-se num modelo cíclico e em espiral. Um modelo vivo, imanente, transcendente e pulsante, que se contrai e se expande tal como respiramos, um modelo orgânico como uma onda, que ora sobe e ora desce. **Não uma escada de hierarquia, mas um fractal multidimensional, multi-vocal e pluralista**. Numa hierarquia é quase inevitável criar consciências de primeira, de segunda ou de terceira classe, quando o ego se apropria de ser melhor que alguém, activando uma competição de subir primeiro a escada. Como refere Bayo Akomolafe, a vitória é impossível num mundo relacional.

A proposta é que a diferença entre as várias formas de consciência não seja olhada hierarquicamente, mas em **fluxo dinâmico**. De onde todos entramos e saímos consoante as circunstâncias, os ciclos e as fases de vida.

*Apenas relativizando a nossa própria transcendência dogmática ocidental podemos aceder à riqueza profunda da imanência co-emergente, em teia comunitária e multidimensional, crescendo assim enraizados, presentes e em responsabilidade total.*

Só então podemos participar activamente na co-criação do mundo e **voltar a conversar com a natureza e com a vida de igual para igual.** Incorporar a ação de inscender para voltar à imanência, contactando com a vitalidade essencial dos lugares que ocupamos é fundamental para a nossa evolução, equilíbrio e conexão ao divino, tanto imanente como transcendente (assim como para a nossa sobrevivência real). Não um divino fora, mas dentro. **Aqui e agora somos inteiros, co-criando através da nossa singularidade a diversidade complexa essencial à vida.**

A elaboração deste livro exigiu muitas experiências dolorosas de confronto com as minhas próprias limitações cognitivas. Mas também pesquisas, cujas referências se encontram na bibliografia a seguir. Apesar de ser um tema vasto e a minha perspectiva poder levar a algum confronto com realidades difíceis, foi um texto que me ajudou a definir a minha visão profunda, fundamentada e sentida sobre este tema, clarificando e incorporando um pouco mais o âmbito do paradigma em que vivo, seja de forma imanente ou transcendente.

*Relembro que na cultura violenta, hierárquica e dualista, a transcendência das altas vibrações pode fazer-nos esquecer onde estamos.*

Pode abstrair-nos da singularidade única do nosso tempo/local. **Perdemos conexão à procura de soluções e conceitos globais.** Sintetizando o conhecimento, simplificando-o, colapsando-o e esquecendo ou negligenciando as dobras, a diversidade, a complexidade e o fio caótico de toda a criação. **Não precisamos de vibrar mais alto.** Não precisamos de escapar para os reinos superiores para nos tornarmos mais ou melhores. Não é só a luz, precisamos também da escuridão. Quando escalamos para escapar através deste portal superior sem uma verdadeira ligação imanente, podemos perder-nos no narcisismo e individualismo, **perdendo a ligação essencial que nos mantém humildes.** Esta categorização hierárquica é ainda incutida com uma visão simplista e dualista da natureza das coisas. Continua a categorizar a realidade em objectos e sujeitos. Como todos os seres sencientes de valor inerente, como tudo o que existe, precisamos de ecoar as vibrações integradas da terra e do cosmos.

*Precisamos de valorizar a natureza sempre dinâmica e mutável das relações, criação e destruição.*

Se formos para cima, temos de ir para baixo. Sinta a sujidade, a terra precisa que se lembre. Expandindo-se e contraíndo-se num universo em respiração. **Não se esqueça de novo: a terra precisa de si.**

Por outro lado, ao trabalhar com outras pessoas, nas consultas e aulas de Feng Shui, tenho viajado por um buraco gigantesco. Um enorme abismo entre as nossas necessidades e as necessidades do complexo e fascinante sistema que nos sustenta.continuamos, como grupo cultural, a evitar as questões difíceis que permeiam o momento e a realidade. Continuamos a subtrair-nos do contexto, recuperando as paredes que nos fragmentam vezes sem conta. Estamos preocupados com a harmonia deste mundo interior, onde colocar a cama, e encontrar as melhores cores que trazem paz às nossas vidas. Ter bom feng shui na nossa casa interior, para que a nossa vida possa correr sem problemas. Continuamos a confiar na experiência domesticada, tentando encontrar valor e propósito dentro da realidade pequena e superficial, com a ilusão de que esta vida doméstica é a única vida real. Dissociação.

Estas paredes contêm-nos e não nos deixam entrar ou sair. **Exilamo-nos do próprio sistema que literalmente nos cria, nutre, e sustenta.** Perdemos o contacto com as relações das coisas. Ficamos fixos nos objectos em vez do que os liga, ou a nós. E assim os nossos objectivos tornam-se estreitos e pequenos no grande esquema das coisas. **Isto não é um defeito individual, mas um desafio cultural ensurdecedor.** Esta camada de existência "simples e controlada", muralha-nos do lado de fora da realidade consciente que está sempre em movimento em ciclos, sempre em mutação e mudança. As paredes não acomodam a mudança devido à sua fundação; elas existem para evitar mutações. Caos, decomposição, destruição e violência fazem todos parte do padrão original de cada ciclo de vida. Não podemos evitá-lo. Somos parte dele, quer queiramos quer não. **O luto, por outro lado, é a ferramenta integrada para lidar com estes duros movimentos da vida, para poder passar por eles, mudados e conectados.** Para sermos capazes de encontrar novos caminhos e paradigmas

*Sempre humilde, e em relação a tudo o que existe.*

O mundo está a desmoronar-se, e os sistemas também. Poluição em grande escala, toxicidade, ameaça de perda de biomassa, extinções sistemáticas, e aprisionamento de todos os sistemas vivos. Todos sentimos isto no fundo do ser, mas por vezes confundimo-lo com tristeza ou alguma emoção a passar.

Cada uma das nossas consciências singulares está entrelaçada com o mundo e a consciência cósmica. **As nossas emoções não são apenas nossas.** Elas são o mundo que se cria e se entristece a si próprio.

*São os animais, as plantas e as paisagens a chorar as suas perdas. As nossas paredes e muros não podem conter isso.*

Muitos de nós aspiram a sentir-se inteiros de novo, embora nunca o tenhamos sentido antes. Mas ansiamos por isso. Sentimos a falta. E procuramos formas de o voltar a sentir com terapia, consultas, livros, ou aprendizagem de novas capacidades. Normalmente, implica ou necessita de algum tipo de evento que mude a vida. Mas **a totalidade nunca pode ser sentida numa realidade fragmentada e domesticada**. A totalidade é selvagem e move-se com a terra, muda com os ciclos, está para além das paredes das casas. **É para ser descoberta numa ligação radical e porosa com tudo o que existe**.

*Ela vive no fluxo integral e vital da realidade.*

Ser inteiro significa recuperar a percepção da destruição do mundo. Abrir os corações à violência perpetrada contra a natureza, animais, plantas, mulheres, crianças, e outras culturas. **Deixar tudo isto entrar.**

Sacudir violentamente os nossos ossos, **fazendo-nos soluçar sob o peso esmagador da nossa negligência cega**. Sacudir violentamente os nossos ossos, **fazendo-nos render à responsabilidade visceral e antiga que molda o nosso lugar no mundo**. Sacudir violentamente os nossos ossos, **fazendo-nos recordar e voltar**.

Voltemos à totalidade, remendando o tecido da criação, para além das paredes. Recordando o humilde lugar com tudo o que existe.

Por quanto tempo vamos continuar
a evitar o luto?

Durante quanto tempo vamos continuar
a cortar a pertença radical?

Durante quanto tempo mais não
nos sentiremos inteiros?

# Referências & Bibliografia

- ANCIENT SPIRIT RISING: RECLAIMING YOUR ROOTS & RESTORING EARTH COMMUNITY, 21 Aug. 2016, Pegi Eyers, Stone Circle Press
- BRAIDING SWEETGRASS: INDIGENOUS WISDOM, SCIENTIFIC KNOWLEDGE AND THE TEACHINGS OF PLANTS, 23 April 2020, Robin Wall Kimmerer, Penguin
- CONSOLATIONS: THE SOLACE, NOURISHMENT AND UNDERLYING MEANING OF EVERYDAY WORDS, October 27, 2020, David Whyte, Canongate Books
- ECOPSYCHOLOGY: RESTORING THE EARTH/HEALING THE MIND, 19 Jan. 1995, Theodore Roszak (Editor), Counterpoint
- ETHNOAUTOBIOGRAPHY, 13 Aug. 2018, Jürgen W. Kremer, River Jackson-Paton, Kendall/Hunt Publishing Co ,U.S.
- RADICAL ECOPSYCHOLOGY, PSYCHOLOGY IN THE SERVICE OF LIFE, 1 Jan. 2013, Andy Fisher, State University of New York Press
- SAND TALK: HOW INDIGENOUS THINKING CAN SAVE THE WORLD, May 12, 2020, Tyson Yunkaporta, HarperOne
- SOULCRAFT: CROSSING INTO THE MYSTERIES OF NATURE AND PSYCHE, 10 Oct. 2003, Bill Plotkin, Thomas Berry, New World Library
- SPIRITUAL ECOLOGY: THE CRY OF THE EARTH, 31 Aug. 2016, Llewellyn Vaughan-Lee, The Golden Sufi Centre
- WILD THERAPY: UNDOMESTICATING INNER AND OUTER WORLDS, 1 Mar. 2011, Nick Totton, PCCS Books
- SELF-EXPANSIVENESS AND SELF-CONTRACTION: COMPLEMENTARY PROCESSES OF TRANSCENDENCE AND IMMANENCE, Harris Friedman, LaBelle, Florida, USA, James Pappas, Regina, Saskatchewan, Canada, PDF
- IMMANENT TRANSCENDENCE, PROJECTION AND RE-COLLECTION, David Hartman, MSW and Diane Zimberoff, MFT *, Journal of Heart-Centered Therapies, 2010, Vol. 13, No. 2, pp. 3-66, © 2010 Heart-Centered Therapies Association

- INSCENDENCE AND RE-AWAKENING TO THE ECOLOGICAL SELF WITH THOMAS BERRY, Article · January 2020 G.M. Kaytlyn Creutzberg
- TRANSPERSONAL PSYCHOLOGY REVIEW, Vol. 5, No. 2, 3-11. (2001), Shadow, Self, Spirit: Essays in Transpersonal Psychology. Exeter: Imprint Academic. On Transcendence in Transpersonal Psychology, Michael Daniels
- RECONSTRUCTING INDIGENOUS CONSCIOUSNESS - PRELIMINARY CONSIDERATIONS, Jürgen W. Kremer, PhD, 1999, Ethnopsychologische Mitteilungen, 8(1), 32-56, wisn.org
- ECOPSYCHOLOGY, TRANSPERSONAL PSYCHOLOGY, AND NONDUALITY, John V. Davis, International Journal of Transpersonal Studies, 30(1-2), 2011, pp. 89-100
- TRANSPERSONAL DIALOGUE: A NEW DIRECTION, Michael Washburn, Ph.D., Indiana University South Bend, The Journal of Transpersonal Psychology, 2003, Vol. 35, No. 1
- EUROPEAN JOURNAL OF ECOPSYCHOLOGY 4: 116-144 (2013) - FROM ECOPSYCHOLOGY TO TRANSPERSONAL ECOSOPHY: SHAMANISM, PSYCHEDELICS AND TRANSPERSONAL PSYCHOLOGY - AN AUTOBIOGRAPHICAL REFLECTION, Mark A. Schroll, Sofia University, Palo Alto, CA, USA
- THE SHADOW OF EVOLUTIONARY THINKING, Jürgen W. Kremer, 1996, wisn.org
- EPISTEMOLOGICAL DECOLONIZATION AND EDUCATION. INTERNATIONAL PERSPECTIVES. Knobloch, P. D. T. (2020). Foro de Educación, 18(1), 1-10. doi: http://dx.doi.org/10.14516/fde.79
- DECOLONIZING ECOLOGY THROUGH REROOTING EPISTEMOLOGIES, Bitter, Lauren M., (2013). Pitzer Senior Theses. Paper 41. http://scholarship.claremont.edu/pitzer_theses/41
- DECOLONIZING POST-COLONIAL STUDIES AND PARADIGMS OF POLITICAL ECONOMY: TRANSMODERNITY, DECOLONIAL THINKING, AND GLOBAL COLONIALITY, Ramón Grosfoguel University Of California, Berkeley
- DECOLONIZING WESTERN UNI-VERSALISMS: DECOLONIAL PLURI-VERSALISM FROM AIMÉ CÉSAIRE TO THE ZAPATISTASI. Ramón Grosfoguel University Of California, Berkeley

167

- The Struggles For Epistemic Freedom And Decolonization Of Knowledge In Africa, Professor Sabelo J. Ndlovu-Gatsheni, Webinar Lecture delivered at the Convivial Thinking Collective in Collaboration with European Association of Development Research and Training Institutes (EADI),12March2019
- Decolonizing Research Paradigms in the Context of Settler Colonialism: An Unsettling, Mutual, and Collaborative Effort, Mirjam B. E. Held International Journal of Qualitative Method, Volume 18: 1–16, sagepub.com/journals-permissions, DOI: 10.1177/1609406918821574, journals.sagepub.com/home/ijq
- Decolonization of knowledge, epistemicide, participatory research and higher education, Hall, B.L. and Tandon, R. (2017). Research for All, 1 (1), 6–19. DOI 10.18546/RFA.01.1.02.
- An Overview of Developmental Stages of Consciousness Compiled by Barrett C. Brown, Integral Institute April 3, 2006
- https://medium.com/@johnnystork/what-is-transpersonal--psychology-can-it-change-the-world-f1952182b297
- https://library.wisn.org/category/indigenous-mind/
- https://library.wisn.org/category/colonization/
- https://journals.sagepub.com/doi/10.1177/1086296X18784699
- https://www.huffpost.com/e try/3-unexpected-ways-to-find-d_b_5176511
- https://markmanson.net/life-purpose
- https://zenhabits.net/life-purpose/
- https://noelbell.net/2011/06/13/transpersonal-approach-to--the-interpretation-of-dreams/
- https://bayoakomolafe.net/
- https://www.shakticaterinamaggi.com/
- https://www.heartmath.org/
- https://www.linkedin.com/in/rik-vermuyten-62195a3b/
- https://proxemiasound.net/

# Autora

Sofia Batalha é 'designer' de formação académica e iniciou os estudos em Feng Shui e astrologia chinesa em 2003. Em 2005 deu início à prática de consultas e começou a leccionar na ENFS, então inserida no Instituto Macrobiótico de Portugal (IMP). Coordenou o curso da ENFS entre 2008 e 2009, o curso de Astrologia Chinesa no IMP, entre 2014 e 2015, e coordena o curso de Feng Shui no IMP desde 2017.

É certificada em Ecopsicologia pela Pacifica University, nos EUA. É profissional acreditada pela Feng Shui Society, em Londres, e pela International Feng Shui Guild.

É a criadora, professora e consultora do método de feng shui simbólico®, lunar e feminino®, desde 2004. Desde essa data que se dedica a consultas, cursos anuais, palestras e 'workshops' exclusivos do seu projecto Serpente da Lua®.

Mais informações em: serpentedalua.com, sofiabatalha.com e casasimbolica.com.

Outros livros publicados: Colecção da Casa Simbólica, Uma Casa Feliz, Um Lugar Feliz, Symbolic Home.

"Não há nenhum plano, apenas
podemos promover as condições
para a emergência, permitindo
que as coisas surjam."

Tyson Yunkaporta

# Notas

Sofia Batalha

"Não há criação sem relação"
Tyson Yunkaporta

Made in United States
Orlando, FL
04 March 2025

59160476R10102